IPP 十 周 年 丛 书

谭 锐 —— 主编

中国产业政策

INDUSTRIAL POLICY
IN
CHINA

趋 | 势 | 与 | 变 | 革

Trend and Change

社会科学文献出版社
SOCIAL SCIENCES ACADEMIC PRESS (CHINA)

作者列表

（按姓氏拼音字母排序）

姬煜彤　中山大学哲学系逻辑与认知研究院博士生。2019 年 5 月至 2021 年 7 月为华南理工大学公共政策研究院研究助理。主要研究领域为非形式逻辑、论证理论、新媒体治理等。

贾　开　电子科技大学公共管理学院副教授。主要研究领域为数字技术与公共政策的交叉领域，涵盖数字政府建设、新兴技术治理（人工智能、区块链）、数字经济治理等。

蒋余浩　华南理工大学公共政策研究院国家治理研究中心主任。主要研究领域为新技术治理及竞争政策、国家科技创新能力建设、政治学理论等。

李　江　致公党中央留学人员委员会委员、粤港澳电竞发展研究院研究员。主要研究领域为互联网产业、文化创意产业、马来西亚政治。

吕博艺（Boy Christian Luethje）　华南理工大学公共政策研究院技术与产业研究中心主任。主要研究领域为全球生产网络、电子制造数字化、中国劳资关系。

谭　锐　华南理工大学公共政策研究院研究员。主要研究领域为城市与区域经济、产业政策、比较政治经济学。

王　琦　华南理工大学公共政策研究院助理研究员。主要研究领域为数字经济与平台用工、数字技术与产业研究、劳动与产业政策。

杨丽君　华南理工大学公共政策研究院教授。主要研究领域为新中国成立以来中国的内政与外交。

尹睿智　昊源天人山水 CTO，青榄 AI 教育系统架构师，新加坡《联合早报》"思想中国"专栏作者。主要研究领域为互联网大数据舆情及芯片材料。

曾志敏　中国工程科技发展战略广东研究院特聘研究员，清智国际咨询（广东）集团有限公司董事长。主要研究领域为区域发展与国家治理、创新与科技政策等。

郑永年　香港中文大学（深圳）全球与当代中国高等研究院院长，华南理工大学公共政策研究院学术委员会主席。主要研究领域为民族主义与国际关系、东亚国家和地区安全、中国外交政策、全球化、中国政治、社会和经济政策等。

序　言

本书汇集了近几年华南理工大学公共政策研究院（IPP）研究者关于技术与产业政策的论文，其中大部分论文属于政策分析，聚焦于国家关切的前沿热点问题和战略动向。尽管属于政策分析，但研究者们并不局限于就事论事，而是希望从历史的、全球的、宏观的视野表达更深刻的见解。将学术深度和政策问题相结合，这既是 IPP 的研究特点，也是始终追求的目标。战略性新兴产业、智能制造、人工智能、互联网等高技术产业以及相关技术代表了目前人类智力的最高成就，但这些高技术产业的前景和影响、演变路径、潜在的收益和风险远未完全显现，人们对它们的认识仍然处于不断深化的过程当中，本书可视为对相关问题的初步探讨。概括而言，本书探讨了四个方面的重要议题，即全球高技术竞争、第四次工业革命、新信息技术革命以及互联网垄断治理。

一　全球高技术竞争

随着中国总体经济规模上升至世界第二位，美国明确把中国定位为主要战略竞争对手，并开始从贸易、投资、技术、人才交流、教育等方面对中国施压。其间，美国利用对核心技术的垄断势力对中国企业中兴、华为实施了打压，技术"卡脖子"问题成为国人热议的焦点。显然，在先进生产技术方面，中国与世界科技强国还有不小的差距。《新冠肺炎疫情下全球产业链的挑战与应对》指出，经过数十年的发展，中国的生产制造已经形成了超大规模优势。中国是目前世界上唯一拥有全产业门类的国家，具备绝大部分产品的生产能力，而且在许多制造品上——从传统的纺织品到技术密集的通信设备——中国都是全球数一数二的供应中心。因此，即使面对新冠肺炎疫情全球流行的严峻局面，中国也仍然能维持制造业生产链和供应链的完整性和顺畅运转。尽管有规模优势，但中国的产业仍存在大而不强的隐忧。当前，中国更多的是学习、吸收和模仿世界先进技术，自主研发的核心技术仍相对较少。在对世界各国生产技术水平的四级划分中，中国只处于第三梯队，这不能不引起我们的危机感和紧迫感。

就当前的国际关系格局来看，以美国为首的西方发达国家阵营对中国的崛起持有敌视态度，可以预见，今后这些国家对向中国进行的核心技术转让会设置更多的障碍。因此，要在全球的高技术竞争中取胜，最终还是要依靠自主研发能力的提升。《探索中国特色体制下的创新模式》认为，实现科技创新，首要的是建立一整套鼓励创新的制度。美国和日本在不同的政治经济体制背景下建立了行之有效的科技创新体系，其中有很多经验可以借鉴，但最终还是要依据中国自身具体的制度环境构建创新模式。其中最关键的就是处理好国家和市场在创新模式构建过程中的关系，如国家和市场各自应该扮演什么样的角色，二者如何有效互动，对于具体的产业怎样出台具体措施等。

中国面对的全球高技术竞争主要来自其他世界大国，尤其是美国。研究美国的科技创新体制和战略动向是应对大国竞争的必要工作。尽管美国当前在内政、外交上面临着不少的问题，但它仍然是世界头号科技强国，世界最前沿和最尖端的技术研发活动仍集中在美国展开。《技术优势保持：当前美国国家安全战略重心及中国的应对》谈到，美国已经把科技竞争力作为维护国家安全和全球领导力的重要武器，并推出一系列措施来保持其在科学技术上的领先地位，其中包括完善国家推动技术创新的组织架构，严格保护科技成果并防止外流，通过军民一体化培养新技术开发能力。除了国家层面的因素外，美国的科技创新活力更多地来自企业层面。《美国科技创新能力的微观分析及其借鉴意义》集中讨论了不同时期推动美国科技创新的企业类型。在 20 世纪 70 年代之前，大企业主导着美国的生产技术创新，而在 20 世纪 90 年代之后，中小企业在创新方面显现出更高的活力。这种转变在很大程度上是由信息技术革命引起的。其中的启示在于，在推动科技创新的过程中，应该注重不同企业类型的作用，并设计相应的政策来激发各类企业的创新活力。

制造业是技术创新的母体。《美国制造业的困境及其复兴战略》指出，美国制造业的就业规模自 20 世纪 80 年代达到顶峰之后逐年下降。制造业的国际转移给美国经济带来了一系列不良后果，而对技术创新能力及竞争力的侵蚀是其中之一。美国制造业的演变及其对整体经济的影响对中国有借鉴意义。不过，美国和中国的制造业又面临各自特有的问题。中国制造业已经形成庞大的规模和完整的体系，这为技术创新提供了沃土，如何让沃土结出科技硕果是未来要重点解决的问题。

二　第四次工业革命

学界普遍认为，工业领域正在经历着第四次工业革命。引领这一轮工业革命的主导动力是新一代信息技术，同时，新材料、新能源、节能环保、生物医药等领域的高端技术也在助推工业生产的变革。信息技术通过数字化、网络化、智能化的方式使工业生产的组织管理、要素投入、生产规模、流程链条、空间布局、结构体系等各个方面发生巨大的改变。《数字时代下制造业及价值链的重构》研究了一种被称为"平台化制造"的生产模式，即由大型互联网平台（如亚马逊、阿里巴巴、微软）来组织商品的生产，而非传统的制造企业。这些互联网平台掌握了市场供需双方的海量信息，这使得它们知道要生产什么、需要什么中间投入、生产多少、谁能生产、在哪里生产、产品质量如何等关键信息，再加上这些互联网平台还建立了电子支付系统和物流配送系统，如此一来，它们就把整个生产链条和交易链条都整合到了一个平台中。平台化制造模式的出现使制造业变得更加分散化和专业化，而互联网平台则会拥有越来越多的垄断力量。

前三次工业革命发生时，中国或处于闭关锁国的状态，或处于积贫积弱的状态，根本无法利用技术红利实现国家的富强。经过改革开放40多年的积累，中国的经济实力大大增强，工业规模庞大，科研力量雄厚，完全有能力借助第四次工业革命的契机实现向科技强国的跃升。为此，国家不失时机地推出了"战略性新兴产业发展规划"等重大产业发展战略。这些战略发挥作用需要时日，而在执行的过程中也会遇到不少问题。《中国战略性新兴产业政策的初步评估》对战略性新兴产业（战新产业）政策在"十二五"期间的实施效果进行了初步评估，并指出从要素投入、产业收入规模、全要素生产率以及国际竞争力等方面看，战新产业还没有表现出应有的先进性。其中的原因在于，政策的执行在中央与地方政府间、政府与企业间存在扭曲。

中国经济以加工制造业起家，到今天已具有庞大的规模，加工制造业支撑着长三角、珠三角这些发达区域的经济增长。2008年之后，发达国家市场萎缩，新兴市场国家的竞争挤压了中国加工制造业的生存空间。传统加工制造业的转型升级势在必行。那么，传统加工制造业能否搭上第四次工业革命的快车实现转型升级？这其中又面临着哪些困难？为此，《珠三角产业转型升级的挑战与出路——基于企业调研的分析》在实地调研的基础上，对珠三角加工制造企业的转型升级状况进行了分析。文章发现，相比中小企业，大企业更有能力通过先进的技术、设备、管理方法应对外部冲击，扭转不利的市场地位，实现逆势增长。尽管存在这种区别，大的体制性障碍对于各类企业却是普遍的，如国有经济过于保守、金融资源错配、房地产泡沫、地方机会主义行为等。

三　新信息技术革命

新信息技术是相对于传统信息技术而言的，传统信息技术产品的代表是电报、固定电话、传真机、电视等，这些传统信息技术产品具有使用成本高、不便利、功能集成性低等特点。新信息技术革命是以计算机和互联网为基础。计算机的普及和互联网基础设施的铺建大大降低了互联网的使用成本，线上活动呈现爆发式增长，为互联网经济发展奠定了基础。越来越多的活动通过数字化的方式在线上进行，如购物、金融交易、教育、社交、娱乐等。互联网不仅涉及现实的虚拟化，还涉及"还原"过程，即虚拟的现实化，如远程监控和操作、3D打印、交通信号系统等。新信息技术促进了现实和虚拟、物质与数字、线上和线下之间的互动与转换，这为社会经济发展提供了无限可能。另外，新信息技术也改变着既有的社会经济关系。

《中国平台型就业的风险及其防范》关注平台经济的兴起对劳资关系以及劳动者地位的影响。文章指出，网约车、外卖、家政、零售等领域的互联网平台在创造就业、促进灵活就业、升级业态、转变劳动组织方面有其独特的作用和贡献，但与此同时，由于缺失互联网情境下的劳动保护制度安排，平台资本可以大幅度降低劳动保护责任和相关成本，从而攫取高额利润。而相应的，劳动者在工作过程中缺乏必要的保障，一旦风险发生，很容易陷入生活困境，甚至丧失劳动能力。要平衡新型就业状态下的劳资关系，政府必须完善法律法规，实施对平台的监管，并为劳动者提供更多的公共服务。

相比新信息技术革命下的劳资关系，数字文化建设更容易被忽略。在新技术手段下，文化产品很容易被数字化，并通过互联网广为扩散。消费者可以从网上获取来自各国的文化产品，其中有健康的，也有不健康的。这些文化产品在网络上争夺和俘获受众，并由此形成独特的网络文化力量。如果不大力发展我国的数字文化产业，我们的网络文化阵地就很可能被国外文化所占领。从这个角度看，《通过打造世界级数字文化产业集群讲好中国故事》所论述的数字文化建设问题是重要的，我们必须设计政策引导和鼓励发展数字文化产业，以此塑造中国的文化软实力。

人工智能是新信息技术革命的重要领域。随着社会经济活动的日益网络化，互联网沉积了海量数据，它反映了人类的行为模式和习惯。运用信息技术手段开发这些数据，能够设计出符合人类工作和生活需求的智能化和自动化系统，例如无人驾驶、图像和语音识别、机器翻译、信息推送等。这极大地提高了经济活动的效率以及生活体验。不过，《人工智能对关键信息基础设施的影响、风险与应对》提醒我们，人工智能技术是一把双刃剑，技术缺陷、恶意利用、平台垄断等问题会在诸如隐私保护、商业秩序、国家安全等领域制造风险。为了规避和控制各种潜在的风险，国家必须强化监管设计，创新监管机制和工具，突破和掌握关键核心技术，以及开展国际合作，塑造中国的话语权。

四　互联网垄断治理

在此轮新信息技术革命浪潮中，互联网企业的爆发式增长出乎人们的预料。谷歌、Meta（元宇宙）、亚马逊、百度、阿里巴巴、腾讯等互联网大企业早已声名远扬，然而，在二三十年前，它们只是提供搜索、社交、论坛、零售、游戏等互联网细分服务的小微企业，很难想象能够成为集成了多种业务与功能的互联网巨头。可以毫不夸张地说，互联网巨头如今的影响力远超任何其他行业的大型企业，因为当现实世界的人和事物都可以转化为数字信息的时候，互联网企业就建构和控制了一个与现实世界相对应的数字世界。《中美竞争环境下中国如何监管大型互联网企业？》指出，互联网平台的影响力已经不仅仅局限于商业领域，而是扩大到整个社会，乃至全世界。互联网缺乏监管时所具有的破坏力是巨大的：在商业领域，互联网巨头利用市场支配地位打压和排挤竞争对手，攫取高额利润；在政治领域，民粹主义在网络上兴起，并转变为线下的实际行动；在文化领域，网络文化的多元化正在侵蚀单一文化的凝聚力和认同感；在国际关系领域，互联网平台又成为民族主义的战场。在政府的新自由主义政策下，很可能出现由互联网巨头操控社会、挑战国家权威的局面。《互联网垄断与流量控制对创新的影响》认为，当前的互联网创新创业环境已与几十年前大为不同，巨头们把持了互联网的数据和流量资源，中小型创新企业必须依附于巨头们才能生存，而对于挑战巨头地位的竞争者，巨头可以通过收购、封杀、打压和排挤等多种方式使之屈服。显然，互联网垄断势力的存在对商业、社会和国家而言都是一种潜在的威胁，对互联网巨头的规制和监管势在必行。由于互联网平台发展时间较短，如何建立一套有效的制度以对互联网垄断力量实施监管，各国政府还在摸索当中，对我国来说更是一个全新的课题。《欧美加大互联网领域反垄断力度对中国反垄断的启示》建议从欧美国家的实践中吸取经验，并根据中国自身的情况设计对互联网垄断力量的监管制度，包括逐步构建反垄断法律体系，提升专业反垄断机构的权威性，增强垄断受害企业的话语权，强化对互联网垄断行为的研究，以及强调保护技术创新和市场创新的目的。

结语：政府的角色

新信息技术革命对人类社会的影响是全面而复杂的，不仅涉及技术创新、产业升级，还涉及劳资关系、市场与政府的关系，乃至国与国之间的关系。新信息技术革命的影响具有双面性，一方面，它极大地提高了生产效率，促进了经济增长，改善了人们的生活水平，另一方面，它也存在着自身的缺陷和漏洞，例如被滥用的风险以及奴役人的潜能。面对这些错综复杂的关系和难题，求救之道并不在市场手中，因为正如我们所见，市场本身很可能就是问题的一部分。市场主体是趋利避害的，它只考虑自身收益，而非社会收益，而要矫正这种市场的负外部性，只能依靠政府的力量。协调集体行动，使外部性内在化，是政府存在的最根本理由之一，但是政府需要懂得如何矫正市场失灵的问题。我们所做的政策研究工作，目的就在于帮助政府分辨哪些是它应该做的事情，哪些是市场应该做的事情，从而使政府的政策"智能化"。另外需要说明的是，本书中的论文都未曾公开发表。

目　录

数字经济与人工智能

互联网的垄断与监管

全球竞争与中国对策

新冠肺炎疫情冲击下全球产业链的挑战与应对

郑永年　蒋余浩

新冠病毒肆虐，对世界经济造成巨大冲击，导致贸易和投资严重萎缩，全球供应链由于各国的社会隔离政策同样陷入一种"隔离"或"断裂"状态。与此同时，许多国家政客不断煽动民族主义情绪，出台"去全球化"政策，也为世界经济不景气的趋势火上浇油。在新冠肺炎疫情影响下，全球价值链重构的可能性加剧，甚至面临着二战以来最深刻的一次重构。习近平总书记在 2020 年 4 月 8 日中共中央政治局常务委员会的会议上提出"常态化疫情防控"的理念，强调中国要做好应对全球环境根本性变化的长期准备。当前，我们有必要正确认识中国的全球经济地位，一手抓提升常态化防疫能力，一手抓经济体制改革，巩固和扩大中国产业优势。

一　中国在全球经济中的产业优势

由于全球各国生产、贸易的高度相互依赖性，以及中国作为世界工厂和世界市场的地位，在短时期内不太可能出现彻底"去中国化"的现象。只要中国应对举措得当，中国的全球经济地位不会在短期内轻易被颠覆。以坚持开放合作为基础，中国的固有优势可以得到进一步的加强。

1. 中国占据多个产业价值链的重要地位

图 1 显示了纺织产业（传统制造业的代表性产业）和信息通信产业（新技术行业的代表性产业）的全球价值链。其中气泡体积的大小表明了某国在某一产业中所占的份额大小，箭头表示产品流向关系，箭头的粗细程度表明了两个国家在该产业供应关系中的相互依赖程度。图 1 上半部分展示了在纺织产业中，全球的三

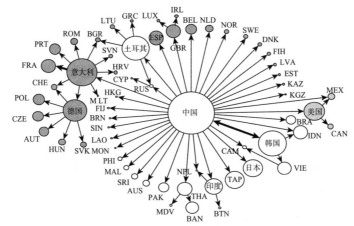

纺织产业全球价值链的三个核心区域

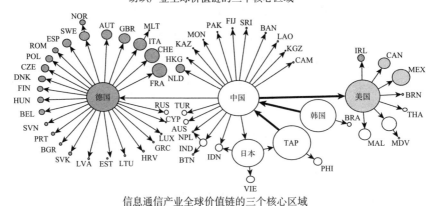

信息通信产业全球价值链的三个核心区域

图 1　中国在纺织产业和信息通信产业全球价值链中的地位

资料来源：《世界贸易组织 2019 年全球价值链发展报告》（*WTO Global Value Chain Development Report* 2019），2019 年。

个供应中心分别是意大利、中国和美国，而中国是名副其实的世界加工厂，占据纺织产业全球价值链的核心地位；下半部分显示，在信息通信产业中，全球的三个供应中心分别是德国、中国和美国，日本、韩国、中国共同构成信息通信产业的"亚洲供应中心"，中国已经处于新技术产业全球网络的关键节点。较之纺织产业这样的传统制造业，在信息通信产业中，中国与美国、韩国、日本和德国等全球主要产品供应国的相互关联程度更高。

2. 中国的地位在短期内难以被取代

表1清晰地显示了中国在全球商品贸易领域的地位：根据2017年中国和美国与全球前20大贸易国/地区的贸易关系的排名情况，中国已成为第一大贸易国。也就是说，中国不仅是"世界工厂"，而且已是"世界市场"。

表1 2017年中美主要贸易伙伴的排名情况

全球前20大贸易国/地区	中国作为该国/地区的贸易伙伴的排名	美国作为该国/地区的贸易伙伴的排名
中国内地	–	1
美国	1	–
德国	3	4
日本	1	2
荷兰	3	4
法国	8	5
中国香港	1	2
英国	3	2
韩国	5	2
意大利	2	3
加拿大	2	1
墨西哥	7	1
比利时	1	5
印度	1	2

全球前20大贸易国/地区	中国作为该国/地区的贸易伙伴的排名	美国作为该国/地区的贸易伙伴的排名
新加坡	1	2
西班牙	5	7
俄罗斯	1	5
瑞士	3	2
阿联酋	1	4
波兰	7	10

资料来源：国际货币基金组织（IMF），《贸易方向统计年鉴》，2018年。

借助经合组织（OECD）的"增值贸易数据库"（Trade in Value - Added Data Base），将关注点限定在某国直接或间接购买的商品的来源上，可以大致了解全球供应链的关联状况，从中能看出中国对于全球商品贸易的重要作用。表2展示了各国在商品贸易方面的相互依赖关系（表中的横项表示买入地，纵项表示卖出地）。例如，美国买入的商品中，中国的商品贸易附加值占7%，而中国买入的商品中，美国的商品贸易附加值占6%。

表2展现的结果也很明显：美国、德国、中国和日本是全球生产商品最多的国家，换句话说，这4个国家是在当今的商品贸易领域赚走各国的钱最多的国家（英国、法国、意大利和韩国占据稍次一些的重要地位）。在表2中所列的全部商品贸易中，中国的附加值占到近3%。

3. 中国产业门类和链条较为健全

全球经济不可能在短期内"去中国化"，还有一个重要原因在于中国产业生态的吸引力。中国是目前全球唯一拥有全产业链的国家：在产业分布的广度方面，中国拥有39个工业大类、191个中类和525个小类，是全球唯一拥有联合国产业分类中全部工业门类的国家，其产业生态十分健全，能够支撑从服装鞋袜生产到航空

表 2　各国的商品贸易附加值占比情况

单位：%

国家	美国	加拿大	墨西哥	德国	英国	法国	意大利	西班牙	土耳其	荷兰	瑞士	中国	日本	印度	韩国	澳大利亚	印尼	巴西
美国		39	24	5	11	10	5	5	7	11	11	6	8	4	8	10	3	8
加拿大	4		1															
墨西哥	5	5																1
德国	5	4	3		19	20	14	15	15	20	25	4	2	2	6	8	2	2
英国	1	2		3		4	3	4	4	4	8	1			1	3		
法国	1	1		6	5		5	10	6	5	5	1		1	2	1	1	1
意大利	1	1		2	3	7		4	3	2	6					1		1
西班牙				2	5	2	4		4	3	3					1		
土耳其				1	2	1	2	2		1								
荷兰					1						1							1
瑞士																		
中国	7	7	7	3	4	4	4	4	5	5	6		6	9	12	9	7	7
日本	6	4	4	2	3	3	2	2	2	3	3	3		2	8	16	8	2
印度			1						1		1						1	
韩国	3	3	2		3	1	3	1	3	1	1	2	1	3		7		
澳大利亚														1			2	2
印尼														1				
巴西			1															

资料来源：经合组织（OECD）的"增值贸易数据库"（Trade in Value-Added Data Base）。

航天产品制造、从原料矿产加工到工业母机制造的一切工业生产。

两则真实的故事能说明中国的产业生态对于各国企业家的吸引力：一是奥巴马任美国总统时，曾询问过苹果 CEO 蒂姆·库克，能否将苹果在海外的最大生产基地——中国郑州的生产基地，迁回加利福尼亚。库克回答说，需要加利福尼亚如同郑州那样配备 8 万名有技术操作经验和现场管理经验的工程师，但这不是短期内能够实现的。二是美国硬件创业团队 SPARK 创始人扎卡利·克洛基博士曾被问到为何选择在中国深圳创业，他的回答是："如果你是一个工程师，想用 5 天或 2 周的时间来实现一个创作理念，这在美国是不可能的，但是在中国深圳，你能在不超过 1 公里的范围内找到实现这个想法的任何想要的原材料，只需要不到 1 周的时间，你就能完成'产品原型—产品—小批量生产'的整个过程。"中国的许多城市在多个制造业领域，拥有庞大且完整的产业供应链，这是吸引海外企业的重要优势之一，其他国家不可能在较短时期内打造出这样完整的产业链。

为顺应国内外环境的变化，中国经济发展近年来由数量增长向质量提升转变，产业结构不断升级变迁。中国产业结构的升级转型，一方面是由于近年来国内外生产行业对技术进步、管理进步的要求，产业转移和升级调整、高附加值产业链环节增加、落后产能不断出清；另一方面也是由于中国居民收入增长、需求提升引起大类产业比重优化，整个国民经济重心由第二产业转变为第三产业。如图 2 所示，从 GDP 增长贡献率看，中国的第二产业贡献率从 2000 年的 45.54% 下降至 2017 年的 40.46%，而第三产业则从 2000 年 39.79% 增至 2017 年 51.63%。如图 3 所示，从第三产业内部结构来看，房地产业（2017 年略有下降）、金融业、信息业、租赁和商务服务业在 1978～2017 年占比增长较为明显。近年来，中国的经济发展驱动力正由投资驱动逐渐向消费驱动转变，资本形成率（投资率）由 2011 年的 48% 下降到 2016 年的 44.2%，消费率则从 2010 年的 48.45% 升到 2016 年的 53.62%。这种趋势表明，制造业实体经济在中国的发展有了更为良好的前景。

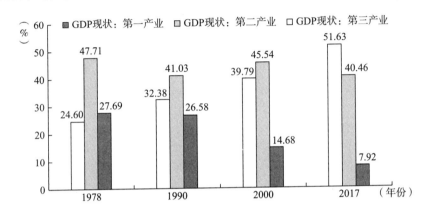

图 2　中国产业结构变化

资料来源：根据国家统计局数据制作。

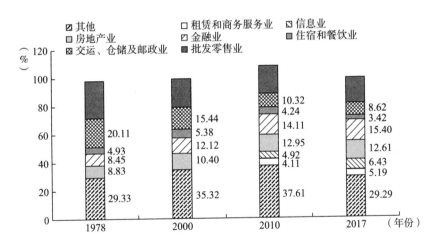

图 3　中国第三产业内部结构变化

资料来源：根据国家统计局数据制作。

从上述简要分析可以认识到，中国是全球化发展的主要受益者，在全球技术和资本扩散的过程中，有效地发展了自身。在当前，中国应当持之以恒地推动全球化的健康发展，在外部经济环境发生变化时需要保持定力，尤其不能陷入当前甚嚣尘上的"去全球化"或"经济民族主义"喧闹中。面对新冠肺炎疫情的冲击，许多国家都在反思自身产业供应链的缺陷，日本政府在 2020 年 4 月份出台的经济援助计划中，就特地设置了专项资金，将公共卫生领域的产业供应链调整为对东南亚各国的多元化依存，避免对一国的依存度过高。需要指出的是，日本政府的这种改革产业供应链的政策举措，在中国许多自媒体的渲染下，被简单地解读为"日本政府计划资助在华企业搬离中国"，这容易引起国内民族主义情绪的反弹，不利于展开建设性讨论。其实，即使受疫情和少数国家产业政策"去中国化"的影响，一部分国外企业离开了中国，中国也完全有能力利用这种腾出来的市场空间推动产业结构的进一步优化升级，实现在产业价值链上的攀升。

从上述认识亦可知，中国在保障公共健康的前提下推动全面恢复生产，有助于全球经济摆脱"供应链断裂"的困境，能够为防止全球经济出现彻底瘫痪做出贡献。关键是，中国在当前应当以更加开放的姿态，通过稳固既有的优势，并且以相应的创新启动新动能，一方面提升对世界优质资本和企业的吸引力，另一方面增强自主发展的韧劲和耐力。

二 加强科技创新和制度创新

习近平总书记在 2020 年 4 月 8 日的会议讲话中指出："要坚持在常态化疫情防控中加快推进生产生活秩序全面恢复，抓紧解决复工复产面临的困难和问题。"从根本而言，推动恢复生产就是要在保障公共健康的前提下使更多人回到工作岗位、回到正常生活秩序中，这需要建立起公众对于公共卫生防疫能力的信心，以及对生产经营前景的良好预期。我们认为可以从 6 个方面拓展相关工作的思路。

1. 正确认识中国的全球经济地位，坚持开放合作的战略决策

有两点认识，需要着重强调：其一，中国的全球优势地位虽然十分显著，但与"制造业世界强国"的差距还相当大。工信部部长苗圩曾在 2015 年 11 月专门撰文分析过，当前全球各国依据制造业发展特点基本形成"四级梯队"，第一梯队是主导全球科技创新中心的美国；第二梯队是涉足高端制造领域的欧盟、日本；第三梯队是涉足中低端制造领域的新兴国家；第四梯队主要是石油输出国组织（OPEC）和非洲、拉美等资源输出国。中国目前处于第三梯队，主要是通过要素成本优势积极参与国际分工。[①] 苗圩的分析在当前依然有效，中国在许多关键领域缺乏原创性技术，自主研发能力有大幅提升的空间，中国建设制造强国的任务艰巨而紧迫，并不能一蹴而就。其二，中国的产业状态表明我们不可能在全球经济衰退中独善其身。中国的制造业发展离不开全球经济发展的大环境，而中国服务业的占比在近年不断上升，也显示了中国不能通过封闭的经济政策来应对世界变化。中国的服务业多为劳动密集型，在新冠肺炎疫情冲击下，难以快速复苏，大量的劳动力在短期内会找不到就业渠道（例如，根据 2020 年 4 月人社部公布的数据，2020 年第一季度中国城镇新增就业人数同比减少了 95 万人，3 月城镇调查失业率同比上升了 0.7 个百分点[②]），如果工业制造业也与世界切断了联系，大量的企业倒闭，那么中国

---

① 《苗圩：唯有制造强国才能变身世界强国》，http://www.cac.gov.cn/2015－11/19/c_1117235034.htm。

② 目前国际上衡量失业的指标有两种，即登记失业率和调查失业率。中国 2020 年第一季度城镇登记失业率不升反降，从 2019 年的 3.67% 降到了 3.66%。这与官方对于就业形势的整体判断不符，在一定程度上表明了登记失业率这个指标的失灵。根据人社部公布的数据，2020 年 1~3 月，全国城镇新增就业 229 万人，同比减少 95 万人，3 月份城镇调查失业率为 5.9%，环比小幅回落。

经济就有可能走到危险边缘。

无论如何，基于中国经济的基本特征，一方面，我们可以树立信心，通过维持与世界的开放合作，巩固中国的全球经济地位；另一方面，我们也不能完全自高自大地认为中国经济已经是世界发展的依靠了。事实上，全球经济一旦崩溃，中国非常可能是其中受损最大的国家之一。为强化中国的对外开放与合作，国家需要采取以下几种举措。

第一，针对目前国内出现的过于激烈的民族主义和民粹主义情绪，采取恰当的方式予以引导和限制。过激的民族主义和民粹主义情绪无助于中国推进全球化健康发展。特别是，需要以谨慎克制的原则来管控官方发声，坚决、全方位地贯彻如下认识："中国发展是世界的机遇，世界发展也是中国的机遇。"

第二，借助疫情带来的空档期，加快实施全面开放的经济体制改革。如进一步降低关税，提升通关便利化水平，削减进口环节制度性成本，加大力度支持跨境电子商务等新业态、新模式发展；精简外商投资准入负面清单，减少投资限制，提升投资自由化水平，进一步开放金融、服务、农业、采矿、制造、电信、教育、医疗、文化等领域，尤其是加速放宽外国投资者关注且国内市场缺口较大的教育、医疗等领域的外资股比限制，加快推进多边和双边合作协议的谈判等。

第三，推动和加强中国与世界各国在公共卫生、医疗、生物医学、风险防控、数字经济、人工智能、纳米技术等前沿领域的科技研发合作和商业合作，为中国企业家与世界各国企业家共同打造新技术、新产业、新业态、新模式提供保障。

2. 以全球合作的方式加强检测技术研发，提升病毒检测能力

及时、准确地检测出受感染的目标人群，是能够及时有效地采取措施、更好利用医疗资源，并保护其他人群免与受感染群体

接触的前提。在常态化防疫过程中，需要通过更精确的检测工具，更有效率、更及时地锁定受感染的人群以及辨识其是否有抗体，以便采取有针对性的隔离或治疗措施。目前，各国的检测手段和检测能力并不相同，但常规检测程序和检测工具都有成本高、耗时长的问题，世界许多技术能力较强的企业、实验室和医院已经在投入研发成本更低、准确率更高的检测工具。纽约西奈山伊坎医学院的病毒学家弗洛里安·克拉默（Florian Krammer）在 2020 年 3 月 18 日公开了他们团队开发出的抗体检测方法，据说能极大简化检测过程，将检测效率扩展为"每天筛查数千人"。暂且不论这个研发成果的实际效果如何，以全球合作的方式加强新检测技术的研发和应用，是当前提升病毒检测能力、建立公众对于公共防疫系统信心的必由之路。中国政府应当推动疾病预防控制中心与高校的新闻传播院系联合组建专门工作小组，负责追踪各国在相关技术领域的前沿进展，敦促政府及时引进并在做出专业研判之后决定是否推广使用，以提高我国广泛检测目标人群的能力。同时，疾控中心等医学专业机构可协助政府制定资助方案：（1）有针对性地加大投入，委托科研能力过硬的国内相关企业和实验室进行新检测技术的自主研发；（2）鼓励企业出面，以合作研发的形式与国外技术能力较强的机构联合研发，协力寻求技术突破。

3. 应用新型信息技术，有效且合法地大幅度提高疫情监控能力

提升疫情监控能力，需要有效追踪和共享感染人群的位置信息，以便其他公众能准确识别是否曾与感染人群有接触，及时采取主动隔离或进行医学检测等有针对性的措施。但是，追踪受感染人群并共享其位置信息，又涉及侵犯受感染人群隐私的问题。在我国的某些地方，已经出现歧视性对待受感染人群的事件，因此不能放任为了公共防疫目的而肆意侵犯他人隐私的做法。信息技术的新发展为妥善处理这个问题提供了可能性：麻省理工学院

媒体实验室开发出一款被命名为"私人工具包：安全路径"（Private Kit：Safe Paths）的手机 App，能够把手机主人的位置信息以分布式加密的形式存储在同样使用该 App 的所有手机之中，该手机主人可以自主决定是否与其他用户共享其相关位置信息。在这个新技术被广泛使用的基础上，如果配备相应的制度安排，就能实现兼顾维护公共健康与保护隐私的目的：在某位手机主人被确诊之后，政府可以强制共享其在一定时间段内（比如说 14 天）的位置信息，以便于其他用户识别是否曾与此人有过接触。在技术领域，逐渐兴起的差分隐私（Differential Privacy）① 和联邦学习（Federated Learning）② 等也是新信息技术的突破性成果，同样可以用于合规合法地加强常态化防疫工作中的信息监控能力。总之，我们必须"向科技要生产力"，同时确保对科技的使用须在合法和合乎公共政策目的的条件下进行。我们需要一方面对科技领域的发展保持足够的敏感度，要求有关部门安排专门人员密切关注全世界范围内各国的相关技术进步信息；另一方面要求政府决策部门联合科技专家、法律专家等，以较快速度论证新技术发展的应用可能性，及时且合法地将新技术用于提升我们的公共防疫能力。

4. 摸查企业现状，设置专门工作机制，帮助企业可持续经营

疫情对不同行业和企业的影响程度不一样，而且随着时间的流逝，各个企业会出现不同的困境，政府实施扶助政策和补贴措施需要有针对性，切实推进企业的可持续性运营。根据联合国开发计划署的评估报告，中小型企业、大型企业中，认为供应链中

---

① 差分隐私（Differential Privacy）是密码学中的一种手段，旨在提供一种当从统计数据库查询时，最大化数据查询的准确性，同时最大限度减少识别其记录的机会。

② 联邦学习（Federated Learning）是一种新兴的人工智能基础技术，在 2016 年由谷歌最先提出，原本用于解决安卓手机终端用户在本地更新模型的问题，其设计目标是在保障大数据交换时的信息安全，保护终端数据和个人数据隐私，保证合法合规的前提下，在多参与方或多计算结点之间开展高效率的机器学习。

断是主要压力的企业比例均为 20% 左右。由于中国疫情防控和多国交通控制，全球供应链受到巨大影响，尤其是供应链全球化程度及细分度高的行业，如汽车制造业、纺织业等，受供应链中断影响更大。如中国是东南亚纺织行业原材料的重要来源，疫情对东南亚纺织行业的原材料采购影响巨大。在华外资企业由于其经营模式全球化程度高，也受到显著影响。中国美国商会调研报告显示，169 家会员企业中 30% 的企业面临中国本地供应链中断，17% 的企业面临全球供应链中断的问题。但有相当数量的中小型企业表示，虽然由于原材料供应商生产受限、物流不畅，原材料采购面临困难，但是这种情况会随着复工复产进程的推进得到缓解，其最大的成本压力来自员工工资。而大中型企业面临的重要问题还有市场需求的大幅放缓（见图4）。2020 年 4 月的调研报告结果显示，多达 30% 的企业预计 2020 年上半年营收同比下降超过 50%。[1] 可以说，各类企业面对的困难各不相同，各有需要帮助的重点。

目前各部门和各地政府出台的支持性政策，在不同程度上帮助了各类企业，但在针对性上还有完善的空间，许多举措并没有帮到真正陷入困境的企业。比如说，为小微企业提供优惠贷款、贷款展期、降低贷款利率等金融支持政策，是否已经克服了小微企业贷款难的问题？开展免费技能培训、简化各项手续流程、延长纳税申报期限等优化服务政策，是否解决了企业上门"事难办、人难见"的问题？在复工复产过程中许多地方甚至出现了弄虚作假的现象，如要求企业即使无工可开，也要通宵保持工厂照明和空调运转，做出一副全面恢复生产的假象。无论如何，为企业提供服务要从企业的真实情况入手，不宜采取行政指令"一刀切"

---

① 联合国开发计划署：《新冠肺炎疫情对中国企业影响评估报告》，2020。

的方式强制实施。因此，政府部门应联合企业家、行业从业人士、经济学专家、法律专家等组成检查和评估小组，对企业进行常规性和广泛的摸底、调研，切实了解企业需求，为政府制定更有针对性的优惠政策提供依据，同时以政府搭建平台、社会多方力量（如企业、社会组织、普通市民等）参与的方式合力为解决复工复产中的问题寻找解决方案。

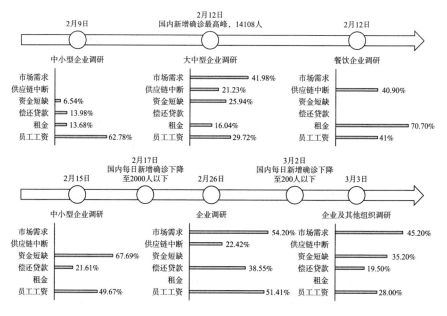

图4　在2020年2月、3月进行的调查中企业反映的运营主要问题
　　资料来源：联合国开发计划署，《新冠肺炎疫情对中国企业影响评估报告》，2020。

5. 强化央企引领，构建合作创新网络，全面提升社会化创新能力
　　十九届四中全会表决通过的《中共中央关于坚持和完善中国特色社会主义制度、推进国家治理体系和治理能力现代化若干重大问题的决定》中同时提出"构建社会主义市场经济条件下关键核心技术攻关新型举国体制"与"建立以企业为主体、市场为导向、产学研深度融合的技术创新体系"两项任务。如何使这两种

创新体系有机衔接，并使之成为激励各类不同企业科技创新能力整体提升的社会化创新系统，是当前进行制度建设需要考虑的重要问题。2018 年，科技部、国资委曾联合印发《关于进一步推进中央企业创新发展的意见》，提出鼓励和支持中央企业参与国家重大科技项目，支持中央企业发挥创新主体的作用，特别提出将技术进步要求高的中央企业的研发投入占销售收入的比例纳入经营业绩考核。这是一条能充分发挥我们体制优势的政策：中央企业作为国家重大科技创新部署骨干力量发挥引领作用，带动其上下游各类企业打造创新合作网络，整体提高相关产业的科技创新能力。而科研投入的量化考核规定，能保证中央企业在实施创新型国家战略和构建国家创新体系中发挥"火车头"作用。在进一步的制度建设思考中，我们需要落实将中央企业的核心技术攻关能力与中小型企业灵活面向市场的创造能力衔接起来，使其共同为提升我国的工业水平和科技创新能力做出贡献。

针对疫情冲击下的产业发展状况，国家需要加快推动国企改革，明确中央企业的定位，限定中央企业的经营活动范围，强化其科技创新引领功能。中央企业的创新"火车头"作用，应当集中体现于战略性、平台性、共享性三个方面：（1）战略性作用要求中央企业的科技研发既要把原始创新摆在更加突出的位置，加大对基础研究和应用基础研究的投入，同时要围绕基础研究、应用研究和技术创新进行全链条部署，增强原创技术的转化能力和外溢效应。（2）平台性作用要求中央企业设立或联合组建研究院所、实验室、新型研发机构、技术创新联盟等各类研发机构和组织，加强跨领域创新合作，打造产业技术协同创新平台，发挥中央企业在研发投入和产业转化方面的影响力和带动力，集聚更多科研资源、机构、力量进行多元化协同创新。（3）共享性作用要求一是将中央企业符合条件的科研设施与仪器设备，纳入国家科技资源共享服务平台，加大向各类社会创新主体开放共享的力度；二是推行众创、众包、众扶、众筹等创新模式，构建专业化创新合作网络；三是大力面向中小企业开放创新资源，建设大中小企业融通发展的众创平台。总之，通过中央企业发挥战略性、平台性和共享性的作用，使全产业链条上的各类企业形成首尾相连、节节呼应的有机整体，推动建成具有集群生态活力的社会化创新系统，应对疫情冲击下的全球产业价值链重组。

6. 加大力度设立县域政策试验田，为中小企业发展拓展空间

经过40余年的改革开放，中国有许多地方已经形成深厚的本土企业家传统，许多企业从事着从制造业到高端服务业的各类经营活动。加大针对这些地方的政策创新和制度创新，为本土企业家创建更大的发展空间，也是推动国内产业升级、应对外企迁离的可选择举措之一。

例如，广东省佛山市的顺德区，从20世纪70年代中后期承接"三来一补"加工业务起步，到2018年，已经取得了生产总值达3163.93亿元、税收总额达550亿元、地方一般公共预算收入达236亿元、连续七年位居全国综合实力百强区第一位的发展成绩。在近年，顺德区针对其土地资源有限、发展空间受制约、本地企业的扩展意识得不到伸张、企业转型升级压力大，以及对人才资源、新兴产业信息和技术信息的渴求极为强烈等问题，确立了以村级工业园升级改造为抓手的"全面深化改革目标"，制定通过复垦复绿建设现代化产业聚集区的规划方案。在当前疫情防控与恢复生产两手抓的工作中，顺德区抓紧村级工业园区的整改，力图为优质的中小型企业提供符合现代化产业聚集要求的园区建设。

诸如顺德区等此类有着丰厚本土企业家资源的县域地区，在中国的浙江省、江苏省和广东省还有很多，有必要及时给予这些地方以优惠的政策支持，帮助那里的本土企业家发挥活力、转型

升级，使其不但在外资企业搬离之后能迅速填补市场、用工和产业链上的空缺，而且能够整体带动中国的工业制造业和科创水平提高，实现中国企业在全球价值链上的攀升。以县域地区作为政策试验田还有改革成本可控、政策资源投入牵涉面不大、在全国其他二三四线城市可复制性强等优势。因此，应采取的措施包括以下几点。

第一，通过国家主管部门组建专家团队进行摸查、论证，在珠三角和长三角地区等民营企业发达区域设置多个以县域为单位的国家级政策试点，赋予其在产业政策、土地政策、金融政策、科技创新政策、劳动政策、收入分配政策等多个领域先行先试的权利，打造更有利于中小型制造业企业和科创企业发展的基地。

第二，在各县域试验田建立国家实验室、高校和大型国企研究部门的分支研究机构，推动各项研究成果面向当地中小企业开放，同时加快推进3D打印技术发展，促进和推广制造业新材料的发明及使用，形成低成本的"'设计—制造'一体化结构"，为企业克服供应链断裂的风险寻找新的出路。

第三，推动建立各个县域试验田之间相互交流学习的平台，一方面及时总结和推广各地探索的有效经验，另一方面从不同的维度向世界讲述中国发展的故事，突出中国发展内部的多元性、丰富性和包容性，吸引世界各地优质资本及企业入驻。

探索中国特色体制下的创新模式

郑永年　蒋余浩

中国致力于从"引进和模仿创新"向"自主创新"转变，近年已经取得显著成效：较之 2000 年，2015 年中国的研发经费呈数量级增长；创新指数以年均超过 5% 的速度增长；联合国教科文组织公布的《科学报告》早在 2010 年就评论指出，中国使世界创新格局悄然发生变化，实现知识密集型的增长不再是发达国家的特权。

不过，与发达国家比较而言，中国的自主创新能力仍然存在诸多不足：在许多关键核心技术领域，并未实现自主可控；国家科技的组织动员能力、协同集成能力、自主创新导向能力以及推动产业创新升级的能力，仍有大幅度提升的空间。本文提出"优化国家创新能力"的概念，从不同的市场特性、创新模式与国家创新体系建设路径的关系出发，讨论如何系统优化中国的科技创新能力、全面提升科技创新能力的问题。相关议题十分重大、复杂，本文仅作为一项初步的研究。

一　两种市场类型下的创新模式

新知识的产生有两种方式，一种是"渐进连续"，技术曲线呈平滑稳定前进的发展态势；另一种是基于外部刺激引发的知识飞跃性的突变，在技术的延续曲线上出现断点，呈跳跃性发展。在技术创新领域，对应于不同的知识创新过程，有"延续性创新"和"颠覆性创新"这两种模式，前者在于巩固和改进既有的技术路线，而后者的发明会全盘取代既有的技术路线。

两种创新模式分别与两种不同特性的市场制度环境相对应："颠覆性创新"更多产生自"自由型市场经济体系"，而"延续性创新"更多产生自"合作型市场经济体系"。自由型市场的参与者主要受市场机制的影响，市场占有率是其最关心的指标，企业间的联系互动也是通过市场机制下的正式合同来实现的；合作型市场的参与者更多考虑如何维持长久稳定的合作利益，企业之间通过大企业牵头、中小企业提供配套服务的垂直整合方式建立长期合作关系。①

就内部要素的特性而言，自由市场提供了同行业内劳动力、知识和技术自由流动的机会，同时在高度竞争环境下不断有新的激励措施产生，而大企业牵头的联盟模式在创造跨行业知识和技术交流方面具有优势，例如，日本企业一般缺乏美国企业通过流动的市场环境获得的激进创新（即颠覆性创新）能力，但能更多利用跨行业的技术转移和机构快速调配措施，及时形成面向不同市场领域的新公司，既利用了已有的技术和组织条件，又对之进行了创新（见表1）。

需要强调的是，不能将不同的市场类型简单等同于不同的国家。实际上，各国的经济运作状况表明，同一个国家中的不同市场领域也有着不同的特性：有的领域偏重企业之间的自由竞争，有的领域则偏重企业与外界的协同合作。"颠覆性创新"和"延续

---

① 关于两种特性的市场及其影响下的创新模式，经典文献为由 Peter A. Hall 及 David Soskice 撰写的 *Varieties of Capitalism：The Institutional Foundations of Comparative Advantage*。

表 1 不同市场类型及其对创新模式的影响

市场类型	金融	企业内部结构	劳动力市场	劳动力技能培训	技术转移或扩散	对创新模式的影响
自由型市场（LME）	融资机构高度关注企业盈利能力和市值	决策权倾向于集中在中高层管理者	劳动力自由流动	侧重于通用技能教育和社会化专业培训相结合	企业通过流动的市场环境获得激进（即颠覆性创新）能力	在高速发展的科技领域实施"颠覆性创新"，形成风投、自由劳动市场、自由技术转让等配套制度
合作型市场（CME）	金融系统更看重企业声誉和关系网络	通过监事会、工会等制度设计，工人共经理人参与经理人共享决策权	鼓励终身职位	侧重政府支持下的企业或专业行业技术培训和岗位实习计划	更多利用跨行业的技术转移机制和企业内部机构的快速调配来适应市场或技术变化	在耐用产品行业进行"延续性创新"，保持既定生产路线的高质量，并且通过工艺改进来降低成本和提高消费者的忠诚度

性创新"会在同一个国家的创新体系中并存，并不需要强求某种单一的创新模式，而且两种创新模式各有其利弊①，关键在于通过不同产业政策，引导实现最适合于相关产业的创新方式，充分发挥不同创新模式的正面效益。因此，就决策者而言，可以通过对具体市场制度的调整，在特定市场领域创造和强化某种最合适的创新模式，同时在各个不同市场领域之间建立互补联系，推动国家创新能力的整体优化升级。

二　中美日研发投入重点的比较

本文以 OECD 成员国的研发投入统计数据为样本，分析中美日三国技术创新能力的内在差异，揭示中国企业创新能力存在的结构性问题。② 在我们的具体方法中，行业分类标准采取 ISIC Rev. 4，即最新的国际标准产业分类方法；行业选择从 D10 – D33，即所有行业全部属于制造业分类，不包含服务业；时间跨度为 2013 ~ 2015 年，因为在这个时间段里，各国的研发投入数据较为齐备。

如表 2 所示，在"研发投入最多的制造业"中，汽车以及挂车、化工及化学制品、机械设备以及金属加工都为传统科技产业，

---

① 例如，Holmstrom 和 Roberts 讨论过自由市场经济体制的问题，认为企业之间的研发合作过多依靠一次性合同，这种临时关系使科创投入更容易蜕变为投机行为。而近年有关新一代信息通信技术发展的研究也指出，如果日本企业仍单纯强化其"延续性创新"，则不足以保障它在以人工智能、大数据为代表的新信息通信技术革命时代抢占制胜高地。

② 之所以选择美国、日本作为参照，是因为这两国在创新上的高效举世闻名。中国科学技术发展战略研究院于 2017 年发布的《国家创新指数报告》中，美国和日本两国分别以 100 分和 94.4 分的成绩排了全球 40 个国家的前两位。美日两国长期占据了国家创新排行榜的前两位，属于名副其实的创新第一集团，中国 2017 年的排名较 2016 年上升一位，升至第 17 位，评分为 69.8，属于第二集团，在国家创新能力上与美日有着明显的差距。另外，采用 OECD 各国作为分析的基础，主要因为这些国家的研发经费投入和出口额长期稳定地占到世界总额的 80% 以上，以这些国家的数据作为分析对象，不会由于没有考虑其他因素而对趋势分析产生实质的影响。

表 2　中美日研发经费投入（2013~2015 年）

单位：百万美元

美国		日本		中国	
研发投入最多的制造业					
D21 医药以及生物制药	203491	D29 汽车以及挂车	96333.6	D28 机械设备	97547
D261 电子配件及电路板	101640	D21 医药以及生物制药	45559.8	D24 金属加工	80917
D30 航空航天器及相关器件	89476.2	D28 机械设备	39551.6	D27 电子设备	78459
D29 汽车以及挂车	55205.7	D263 通信设备	25346.2	D20 化工及化学制品	69057
D263 通信设备	51671.4	D20 化工及化学制品	23839.2	D261 电子配件及电路板	67331
D265 测量仪器及导航设备	39085.2	D261 电子配件及电路板	19015.7	D29 汽车以及挂车	67256
研发投入最少的制造业					
D16-D18 木业纸张印刷业	4176	D30 航空航天器及相关器件	1692	D16-D18 木业纸张印刷业	4032
D13-D15 纺织服装业	1986	D16-D18 木业纸张印刷业	1402	D13-D15 纺织服装业	2782
D24 金属加工	1872	D19 原油冶炼	1350	D10-D12 食品加工	1123
D19 原油冶炼	726	D14 服装制品	90	D19 原油冶炼	926

说明：由于 D26 项包括电子设备、电脑设备以及通信设备，涵盖了大部分信息通信技术产业，而这几类细分到下一层级时美日两国研发投入依旧很大，因此本文在针对 D26 这项分类时选择了更细的分类。

资料来源：OECD, *Standard Analysis R&D Expenditures in Industry*。

其他为前沿领域的高科技产业。可以发现：美国相较于日本，在科技含量高的新兴产业领域投入更大；日本研发经费较多的产业既有其传统的优势产业如汽车以及挂车产业，又有如医药以及生物制药这样的新兴产业，说明日本一方面对其优势的传统产业保持着高水平的研发投入，另一方面，又积极向高科技领域进军；相比之下，中国的研发整体投入虽然已在数量上超过日本，但是投入还集中在传统的产业上，而对科技含量更高的产业投入较少。因此，可以得出一个结论：相较于美日两国，中国在科技含量要求相对更高、创新更密集的产业中投入较少。这说明中国的研发投入还处于由中高科技产业向高科技产业过渡的阶段，在高科技产业上的投入要少于美日两国。

从全球研发投入状况来看，如图1显示，2000～2015年，全球制造业研发投入增幅最大的6类产业领域是航空航天器及相关器件、医药以及生物制药、通信设备、电脑及周边产品、电子医疗设

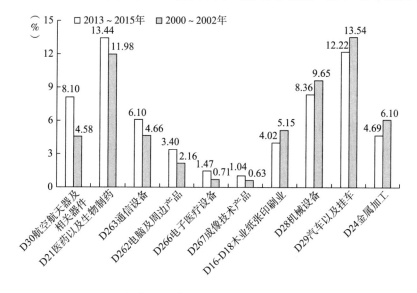

图1　全球不同产业领域研发投入变动情况

资料来源：OECD，*Standard Analysis R&D Expenditures in Industry*。

备以及成像技术产品；研发投入缩减最大的 4 类产业领域为金属加工、汽车以及挂车、机械设备以及木业纸张印刷业。可以看出，全球研发投入更注重高科技产业，而对传统科技产业的研发投入正在衰减。综合进行对比后能够发现，在全球高新产业的整体研发投入还较少的时候，美国就已提前布局，其在医药、航天等领域的投资占比远超其他国家。而中国在全球研发投入开始减少的金属加工、汽车以及挂车、机械设备领域仍然保有较大占比的研发投入，产业研发投资结构落后于美日两国。

三　提升国家创新能力的途径

美日两国通常被分别视为"颠覆性创新"与"延续性创新"的典范①，本文的比较研究则在这个认识的基础上，揭示出更为复杂的一面：日本在保持对传统优势行业的研发投入之外，近年也致力于扩大对生物制药、通信技术、电子科技等产业的研发投入。美国因其相当成熟的自由市场体系，在科技含量高的产业领域的研发投入始终占据领先地位。中国则明显存在着产业研发投资结构待调整的问题。年针对美日两国的企业研发动机的调查——这项调查通过分析在美日两国都有注册的专利，来比较美日两国创新模式的差异性——日本企业有 65.6% 的创新集中在现有产品技术上，而美国只有 48.6% 的创新目的是为了增强现有产品技术。前沿基础技术的创新方面，在美国占全部企业创新的 24%，在日

---

① 这种看法有研究依据：根据日本经济贸易产业研究所（The Research Institute of Economy, Trade and Industry, RIETI）以及美国佐治亚研究所（Georgia Institute of Technology）2009 年针对美日两国的企业研发动机的调查——这项调查通过分析在美日两国都有注册的专利，来比较美日两国创新模式的差异性——日本企业有 65.6% 的创新集中在现有产品技术上，而美国只有 48.6% 的创新目的是为了增强现有产品技术。前沿基础技术的创新方面，在美国占全部企业创新的 24%，在日本只占 8%。

本只占8%。

当然，上述趋势分析并不表明中国应当简单加大对高科技产业研发投入而减少对传统科技产业的相应投入。《中共中央关于全面深化改革若干重大问题的决定》中已明确指出，经济体制改革的核心问题是如何"使市场在资源配置中起决定性作用和更好发挥政府作用"。优化提升中国国家创新能力，应当充分调动政府与市场这两只不同的"手"的积极性：以政府调整具体领域的市场制度为引擎，引导形成最适合相关产业的创新模式，在政府制度创新之下激发市场活力，推动中国科技创新能力的整体高质量发展。

针对中国的国情，我们认为，以下两组针对性的政策能够优化提升中国国家创新能力。

第一，针对机械工业、电子设备、化工、汽车等传统的优势产业，重点是完善相关市场的关系网络建设，推动建立同一行业内部企业之间的"合作式竞争"，充分实现"延续性创新"。

首先，在相关传统优势行业建立主要依靠企业储备金投入研发的机制，减少国家直接的研发资金投入，同时增加重大科研项目的合作研发。着力以与政府合作开展项目的形式推动国有大型企业参与投入基础性科研，调动国有企业的资金和技术优势，攻克基础研究领域中的难题。

其次，推动中央企业以体制机制创新为抓手，大幅提升其在科创领域的辐射带动能力，实现中央企业在创新型国家建设中的"基础性、引导性和骨干性作用"。一方面，推动建立多种形式的中央企业技术交易平台，同时创新知识产权应用和管理规定，推动研究成果转化，促进中央企业为繁荣科技创新市场做出贡献；另一方面，学习日本丰田的大企业引领下联盟发展经验，督促中央企业与上下游产业链条上的科技机构和中小企业建立紧密联系，使中央企业能带动它们共同发展。

再次，制定大数据开放共享规则，鼓励和激励政府、中央企业、民营企业之间共享信息，促进这些不同主体就技术创新和商业模式形成策略互动。同时，提高经济决策过程的透明度，帮助加强市场主体做出可信承诺的意愿，维持同一行业内部不同市场主体之间较为稳定的合作关系。当然，同时有必要通过严格执行反垄断法、反不当竞争法等市场规则，防范出现严重侵害市场机制的行为，在各类传统优势产业中营造"合作式竞争"的格局，共同推动该产业的"延续性创新"。

第二，针对信息技术、生物工程、新材料等新兴高科技产业，重点是大力培育自由竞争型的科创市场，建立风投、劳动力自由流动、人才培育等配套机制，激发"颠覆性创新"的不断发展。

首先，设置资金启动、补贴、技术指导、科创政策培训等机制，充分培养和大力扶助民营中小科创企业，使其成为科创市场的主力军，通过市场检验其技术能力、产品质量和企业生命力。需要特别注意的是，当前地方各级政府都有科创方面的补贴政策，然而对其实施方式必须进行改革。也就是说，不能形成企业依赖政府补贴生存的后果，而是需要企业通过制定其科创方案来竞争相应补贴及其他优惠政策。

其次，围绕高新科技产业，建立和健全风险投资规则、劳动力自由流动机制、科创成果自由转让机制等自由市场制度。"颠覆性创新"的产生不能依赖于政府，而必须以市场为主体。因此，一方面，需要以鼓励为原则，推动风险投资行业发展，促进科创市场的繁荣；培育"科技创新共同体"的新型理念，鼓励科技人才自由交流和流动；深化科研体制改革，确保《促进科技成果转化法》落地，制定具有突破性的、可促进科技成果转化应用的政策措施。另一方面，严格监管各类金融机构的资金，避免资金流入风投行业；健全社保体系，为科创行业的劳动力自由流动托底；建立完善的社会信用系统，维护科创领域有序的市场活动。

再次，以粤港澳大湾区建设为契机，出台国际型科技人才培育计划，为推动中国"颠覆性创新"能力实现大飞跃贡献人才。粤港澳各地目前都有英才计划，同时也设有创业奖项，可以将这些措施作为基础进一步加以整合，通过协同粤港澳政府联合出台人才计划，一方面鼓励年轻人在大湾区创业，另一方面加强大湾区高校科研机构对于全球优秀学生的吸引力。需要强调的是，针对大湾区建设而出台的人才培育计划，应该保持高度的开放度和灵活性，其一，打破阻碍人才流动的玻璃门，激励企业实施灵活就业的人才方案；其二，经常性地创办科技成果奖项，吸引世界各地优秀学生参与；其三，设立短期资助，帮助其他国家和地区的科创人才在大湾区短期学习和研究，使大湾区成为高科技人才自由往来、共同创业的阵地。

美国产业战略动向

技术优势保持：当前美国国家安全战略重心及中国的应对

郑永年　曾志敏

　　准确理解特朗普政府对中国的国家意图，构成了特朗普执政时期中国应对美国对华战略竞争与遏制态势首要解决的问题。本文着重从技术竞争视角对美国国家安全战略进行再解读，认为美国基于在第四次工业革命下能否继续保持科技创新全球领导力的忧虑，以及中国竞争威胁，将"技术优势保持"上升为国家安全战略的重心。围绕国家安全创新基础的构架，美国采取了完善组织构架、保护技术成果和培养新技术开发能力等一系列关键行动，并通过出口管制、投资限制、人才交流限制等手段对华进行全面的技术遏制。当前中美战略竞争的实质是"技术冷战"。对此，中国既要以更大的决心倒逼自主创新，也要加大力度开展国际科技合作，主动与国际社会接轨，深度嵌入国际产业链。

一　理解美国国家安全战略的技术竞争视角

　　特朗普政府于 2017 年 12 月公布的《国家安全战略报告》成为众多战略学家解读美国战略思维与对华战略意图的重要文本。该份报告用"修正主义"国家（Revisionist Power）来定义中国和俄罗斯，认为中国意欲取代美国在亚太地区的位置，俄罗斯试图恢复其大国地位，并在其周边建立势力范围。随后，特朗普于2018年发表的首份国情咨文中将中国明确界定为美国的竞争对手，美国对华战略全面向负面转型。此后，关于中美是否进入新冷战时代的问题引发了世界范围内的热烈讨论和沉重忧虑。与既有更多从宏观角度分析美国国家安全战略的重点、思维与变化，以及对中美竞争关系的影响等研究有所不同，本文将着重从技术竞争视角对美国国家安全战略进行再解读，认为必须深刻理解技术对国家安全的变革性影响，美国对此的反应则是将"技术优势保持"上升为国家安全战略的重心。

随着科技全球化的不断加深和第四次工业革命时代的到来，威胁国家行为体的传统安全和非传统安全因素日趋复杂，大国间的竞争集中体现为科技创新竞争，"技术优势保持"在国家安全体系中的角色和地位日益重要。继《国家安全战略报告》后，2018年初特朗普政府再发布《国防战略报告》和《核态势评估报告》等重要安全文件，均声称美国面临的核心威胁次序出现重大调整，从恐怖主义等非传统安全威胁变成了大国之间的竞争（Great Power Competition）威胁。而美国应对竞争威胁的重要策略就是"减少国外竞争对手非法占用美国公共部门和私营部门的技术和技术知识"。维护美国的"技术优势"被确定为2018年1月发布的国防战略的中心目标。

在美国看来，能否抵挡住包括中国在内的国家行为体的挑战，并不取决于美国能否成功地遏制别国的进步，而取决于美国自身"技术优势保持"能力的高低。在"美国优先"的核心理念下，美国逐步收紧对全球的控制，紧握高端领先科学技术的控制权。同时，随着中美贸易摩擦升温，美国的"301调查"、网络安全审查都直接瞄准中国，在人工智能、5G网络建设等新技术领域，美国也将中国视为主要竞争对手和压制对象。美国权威智库哈佛大学贝尔佛科学与国际事务中心发布的题为《人工智能与国家安全》的报告也指出，人工智能技术通过变革军事优势、信息与经济优势等对国家安全产生颠覆性影响，进而提醒美国政府高度重视包括人工智能在内的任何能让美国在军事上、情报上、经济上保持领先地位的技术发展。

围绕技术优势与国家安全战略之间的关系，本文以"技术优势保持"作为窥探美国国家安全战略中心目标及其对中国遏制战略性质的切入点，重点讨论如下问题：美国在国家安全战略中强调保持技术优势的动因是什么？美国为保持技术优势有哪些关键行动，以及它们是如何在国家安全战略中体现的？技术优势战略下美国如何遏制中国，以及中国将如何应对？对这些问题的深入分析，在一定程度上，对于判断国际安全形势和美国对华战略意图，应对中美贸易摩擦，促进中国加快科技自主和创新发展，均具有重要价值。

二　美国保持技术优势的动因及其关键行动

早在特朗普当选美国总统之前的 2016 年 11 月 9 日，《华尔街日报》作了《不管谁当选，美国能否保持其在技术上的优势？》的报道，认为无论谁成为美国下任总统，都将面临"继续保持美国创新优势"的巨大压力。为此，特朗普政府的《国家安全战略》非常明确地指出，为保持美国当下政治、经济、军事和科技优势，必须坚持美国优先原则和四项核心国家利益，采用四大支柱战略：第一支柱战略为"保护美国人民、国土和生活方式安全"，将安全分为传统边界、领土安全和网络时代的国家安全两类，提出相应保护措施。第二支柱战略为"促进美国繁荣"，重视经济与科技创新，争取能源主导地位。第三支柱战略为"以实力保护和平"，强调恢复美国竞争优势，提升军事、国防、核武器、太空、网络空间以及人工智能实力，优化内政外交。第四支柱战略为"增强美国影响力"，意在巩固同盟或合作关系，发扬美国价值观。而贯穿四个支柱战略的主线和重心正是"技术优势保持"，集中体现为报告中提出的全新概念"国家安全创新基础"（National Security Innovation Base，NSIB）。

1. 竞争威胁与"技术优势保持"的动因

从安全战略的角度看，一个国家对威胁的来源认知在很大程度上决定了它的战略选择。2017 年 4 月，大西洋理事会布伦特斯考克罗夫特国际安全中心发布了报告《保持美国创新优势的战略架构》（*Keeping America's Innovative Edge*），该报告指出：将科学知识和工程技术转换成商品和服务，即技术驱动创新，是美国成为并始终成为全球最为重要的经济和地缘政治领袖的关键所在。然而，当前美国科技创新竞争力和技术优势正在受到削弱和威胁，其原因在于以下两方面。

一方面，新兴国家已认识到知识经济的重要性，并将其视为发展重点。如中国寻求技术创新的领导地位，正在积极推进基础技术的研究和开发，并继续推进硬件、软件、应用、社交平台、消费电子和生物技术的发展。中国、印度等新兴国家还加大对人工智能、机器学习和机器人制造等新兴技术的资金和人力投资，这威胁着美国在这些领域的地位。

另一方面，当前美国进行本土创新投资的热情正在大大减退。联邦政府资助的基础研究数量正在缩减，对公立大学的支持力度也在不断降低。这一趋势可能对美国的地缘政治和社会经济造成深远影响。美军可能失去对关键技术的控制，私人公司和企业可能无法实现下一代革命性技术产品的商业化。

从特朗普政府的一系列行动看，美国已经清晰地意识到这一威胁。此次中美贸易摩擦，实质是美国打着贸易的旗号试图对以"中国制造2025"为代表的高科技领域进行打压与遏制，并且在军事上积极实施"第三次抵消战略"。美国注重创新、科技投资以及发扬企业家精神，不断寻找具有破坏性且能改变游戏规则和使力量成倍增长的科技力量，以节奏更快的技术变革来保持竞争优势。

2. 国家安全创新基础与关键行动

NSIB是特朗普政府提出的新概念，并作为国家安全的核心部分被强调要予以保护和升级。NSIB这一概念涉及由知识（Knowledge）、能力（Capabilities）和人才资源（People）等三要素组成的网络；三要素由学术界、国家实验室、民营部门供给；这一网络可将概念设想转化为实体创新，将重大科研发现转化为成功的商业产品和企业。为保护这一创新基础，特朗普政府的《国家安全战略》认为，首先应准确了解美国科技受到的挑战；而后须加强知识产权保护，采取诸如反情报、加强执法力度等措施，使美国公立和民营部门的技术知识免受竞争对手的非法窃取；此外，还将收紧签证审批手续，限制向来自"指定国家"，专业领域为"科学、技术、工程、数学"（STEM）的学生发放签证，防止他们将美国的知识产权转移到竞争对手国家；最后采取措施保护数据和重要基础设施，避免遭受间谍入侵。该战略宣称将把"理解世界的科技发展趋势""吸引和留住发明者和创新者""利用私人资本和技术进行建设和创新"等作为优先开展事项，以保持美国在研究、科技、发明和创新方面的领导地位。

在特朗普政府看来，国家是否安全取决于能否保持第四次工业革命的技术优势，美国创新的能力和保持技术优势的能力使其领先于竞争对手。在国家安全创新基础的构架下，美国企业、行业、大学、研究实验室和政府机构经协调而形成统一创新发展战略，以及形成人员与资源网络。为实现这种一致性，美国政府采取了以下三种关键行动。

一是完善组织构架。以创新为核心，激发更为持续的发展动力。以美国国防高级研究计划局（Defense Advanced Research Projects Agency，DARPA）为例，DARPA作为专职开发新概念技术的国防部直属部局，组织协调包括美国国家科学基金会、国立卫生研究所、国家标准技术研究院、航空航天局等在内的各个科研机构，坚持"保持美国的技术领先地位，防止潜在对手意想不到的超越"这一宗旨，专职推动科技为美国国家安全服务，研究分析具有潜在军事价值、风险大的高新技术，积极推动前沿性、基础性和颠覆性技术向国防应用转化。

二是技术成果保护。特朗普上台后，通过强化相关机构权力、出台规制性政策等手段封锁国外对其技术的获取渠道，最大限度地防止美国技术外流，维护美国国家安全。《2019财年国防授权法案》严格控制敏感技术的出口，强化美国外国投资委员会（CFI-US）的权力，阻止涉及国家安全的商业交易。这些改革包括要求联邦政府设立"识别对国家安全至关重要的新兴和基础技术"的机制，并对这些技术的出口加以控制，严控外国获取先进技术。在符合国家安全利益的情况下，国防部需"通过合同、赠款、合作协议或其他交易来限制外国获取先进技术"。同时倡议学术机构保护与美国国家安全相关的知识产权、技术和关键人员，目的在于消除他国通过外国人才项目等手段盗用美国技术而对美带来的不利影响。此外，国防部须制定相关政策"限制或禁止为故意违反该倡议相关法规的机构或个人提供资助"。

三是注重培养新技术开发能力。美国国防部已明确将在高超声速、定向能等十大优先技术领域，通过采取建设专职机构、部署重点领域工作等措施，推动相关技术创新发展和军事化应用，以期通过塑造不对称能力，确保美军在日益增多的新兴威胁中保持作战优势。这表明美军将重心再次转向技术本身，致力于统筹谋划国防科技的创新发展。这其中应该特别注意美国军民融合的作用，在技术优势保持的战略下，美国更加重视军民一体化发展。随着商业技术的不断发展，商业部门在人工智能、自主系统等领域处于领先地位，美国国防部意识到商业技术的融入有望改变战争性质，因此愈加重视与商业领域的合作，试图通过打破传统新兴技术引入国防部时烦琐程序的桎梏，使商业技术快速转化为作战能力，充分利用民间力量推动国防科技创新。在市场经济的驱动下，以苹果、亚马逊等为代表的商业企业不但成为技术创新的引领者，也成为军队赢得信息优势、打赢信息战争的重要赋能器。在此背景下，美国《外交政策》杂志（2018 年秋季号）刊登的《五角大楼为什么要学会爱上硅谷》一文，论述了美国国防部依托高技术企业进行创新的必要性、紧迫性，并对"联合企业防御基础设施"项目进行了重点说明。

3. 单边主义"技术优势保持"的消极影响

美国"以技术优势保持"作为重心的国家安全战略，虽然一定程度上有助于美国保持其相对的技术优势，但在当今科技创新全球化不断深化的时代，这种单边主义的技术封锁行径，从长远来看，不仅会对美国自身发展具有消极影响，而且也会对世界经济发展和人类技术进步造成严重损害。

一方面，对高科技进行有目的的控制会损害美国自身的国家安全建设。新兴技术的研发成功日益依赖基于国际科技创新合作的全球创新开放网络，日益需要集中全球优秀的人才共同来完成。美国单边的"技术优势保持"，将会严重阻碍全球范围内的科学技术的交流，阻止高科技人才的流动，反过来也会损害到自身项目的研发有效性。

另一方面，美国强化对高科技的控制，表面上可以提升美国的竞争力，但可能反而刺激了其他国家集中精力在某些高端领域投入大量人力和财力，激化全球高科技竞争进入丛林时代。美国虽然在绝大多数领域保持领先，但在涉及国家安全和军事的领域往往并不能保持绝对的优势。同时，美国的高科技领域封锁政策反而会刺激全球范围内"商业间谍"和"科技间谍"的层出不穷，最终会导致"网络黑客"的兴起，这对全球网络安全和美国的国家利益也不利。

三　美国对中国的技术遏制

1. 美对华遏制战略的转型

2018 年 4 月，美国东亚和太平洋地区事务的前助理国务卿库尔特·坎贝尔（Kurt Campell）与前副总统拜登的副国家安全事务助理埃利·拉特纳（Ely Ratner）联名在美国顶级学术期刊《外交事务》上撰文指出，自尼克松担任总统以来的美国历届政府一直把深化与中国的商业、外交和文化关系作为美国对华战略的基石，并自以为是地认为如此便可改变中国的国内发展和外部行为。然而，事实却并非如此。他们直言美国对华政策失败了，宣称要"对美国的中国战略做一次清醒反思"，坦率承认美国此前对华认知的错误性，并以此为基点制定一个更强大、更可持续的对华战略。

2018 年 8 月 13 日特朗普签署生效的《2019 财年国防授权法案》，除了确定国防拨款外，还涵盖了两个非常重要的法案：《外国投资风险评估现代化法案》和《2018 年出口管制改革法案》。这些法案通过对内投资限制和对外出口管制实现对关键技术的闭环保护，实行全方位的技术封锁。法案中涉及国防科技创新及阻断竞争对手利用美国研发成果的条款，包含机构调整、新技术研发及对外合作等多个方面。法案指示总统提交对华总体性战略分析，包括有计划地应对中国"利用情报网络进行开放式研发"及"利用市场准入和投资等经济手段进入美国敏感产业"。此外，法案还规定在国防部提交的中国年度报告中，针对中国获取美国技术的评估应考虑到"投资、工业间谍活动、网络盗窃等手段"。

特朗普政府将中国界定为战略竞争对手，打贸易战的主要目的在于遏制中国高科技发展和创新，这是失去了技术自信的表现。美国不仅加大对外国投资"关键技术"的审查，增加出口管制名单中中国企业的数量并新增"新兴和基础性技术"出口管制，甚至直接在《2019 财年国防授权法案》中明确禁止美国政府部门和与政府有生意往来的机构使用华为、中兴、海康威视等企业的服务和设备，旨在堵死中国获取美国先进技术的一切途径。未来中国想从美国引进和学习敏感新技术、国防技术、新一代信息技术、人工智能、网络安全、核技术和机器人等所谓的"新兴和基础技术"和"关键技术"的难度逐步加大。

2. 美对华技术遏制的三大手段

（1）对华出口管制

出口领域是美国维护国家安全、保持技术领先优势的主战场。出口管制一直是美国确保领先地位和技术优势、维护国家安全的重要手段，目前主要分为民用项目与军用项目两大体系。2018 年 8 月美国政府宣布，基于国家安全或外交政策利益，将 44 家中国实体（8 个实体以及 36 个下属机构）列入美国出口管制的实体清单；10 月 11 日美国能源部长佩里发表声明称，美国在加紧管制出口到中国的民用核能科技，防止中国在现有中美民用核能合作领域之外积极获取核能技术，从而给美国国家安全造成影响。同时美国国内仍在对出口管制体系进行改革，美国国会正在努力推进《出口管制改革法案》（ECRA），如果通过，新法案将取代现行的《出口管理法》。该法案对出口的定义将更为宽泛，涵盖货物之外的科技与信息，并建立一个跨部门合作机制去发现并管控尚不在限制名单上的重要新生科技。美国也考虑收紧对中美企业间非正式合作的审查，关注人工智能、半导体、自动驾驶等领域以保证美国的国家安全与竞争优势。在此势态下，可以预期美对华出口管制将更加严格。

（2）对华投资限制

在 NSIB 框架下，为了保护美国的创新产业，美国认为阻止中国科技进步是保持美国优势的关键，而非通过自我改革加强自身竞争力。在应对大量中国对美投资带来的安全问题上，美国频频以国家安全为由对中美高科技领域贸易投资活动设限，打压中国科技发展进步。美国行政部门将与国会加强对美国外资投资委员会（CFIUS）的改革，确保新机制能应对当前和未来的国家安全挑战；美国将优先加强反情报和执法以应对其他国家对其知识产权的窃取，同时寻求建立新的法律机制。从 2018 年 6 月起，美国财政部计划禁止中资持股 25% 以上的公司收购具有工业重要技术的美国科技公司。以半导体领域为例，中国企业或资本收购欧美半导体企业都以失败告终。比如美国总统特朗普动用总统特权亲自否决了中资背景的私募基金 Canyon Bridge 收购 FPGA 设计厂商莱迪思；中资企业收购德国半导体设备厂商爱思强公司也因美国介入而受阻；中资企业试图收购飞利浦的照明业务，因为涉及氮化镓这一第三代半导体材料而被否决。

（3）对华人才交流限制

国家战略的技术竞争背后是人才竞争，除了直接的出口管制、投资限制外，美国还全方位限制中美之间科技人才的交流。首先，为参与外国人才计划的专家设槛，拒绝提供资金和奖励。2018 年 5

月美国众议院通过《国防授权法案》（NDAA），其中的修正案允许国防部终止向参与中国、伊朗或俄罗斯的人才计划的个人提供资金和其他奖励。该修正案规定，在该法令颁布的一年内，国防部必须要求任何寻求"教育、学术培训和研究经费的申请人，包括高等教育机构……政策机构、联邦实验室或研究机构，需证明其收到的任何资金都不提供给参与了特定计划的任何个人。""千人计划"被修正案的提出者众议员迈克·加拉格尔（Mike Gallagher）当作一个例子。他对修正案这样解释："中国的'千人计划'旨在吸引学者回到中国，并参与到中国的尖端研究中，以实现中国在2049年成为全球领先科技强国的目标。美国联邦调查局（FBI）警告称，该计划和类似的其他举措也为经济间谍活动提供了渠道。"其次，美国开始阻止中国科技人员访美，同时收紧对中国工程和科技类学生签证发放政策，阻碍中国公民到美国科研机构和大学从事敏感领域的研究。同时也试图阻止中国企业与美国高校的科研合作，由美国两党26名立法委员组成的团体写信给美国教育部长，信中强调华为与几十所美国高校的研究合作关系以及其他关系会影响美国国家安全。

四　战略判断及中国的应对策略

1. 战略判断

美国对华战略进入深度调整期，此前特朗普政府采取了包括贸易战在内的全方位措施对中国予以全面遏制。在中美全面竞争加剧的背景下，尤其在2018年10月4日美国副总统彭斯发表了一个被外界解读为"新冷战铁幕"的"政府对华政策"演说之后，中美是否陷入新冷战的问题已经引起了世界范围内有识之士的严重忧虑。通过深度分析特朗普政府的国家安全战略重心，可以得到一个基本判断，那就是当前中美战略竞争的实质是技术冷战，特朗普政府将"技术优势保持"上升至国家安全战略层面的优先目标，它对华开展的贸易战以及采用的一系列技术遏制手段，目的显然在于要通过经济对立形成对中国经济遏制的绝对优势，尤其要遏制中国在关键科技与技术创新领域的发展潜力，从而在长期经济对立中逐渐消耗中国国力。

基于技术冷战的战略判断，一方面，我们必须清晰地认识到中国过去主要依靠技术引进、跨境并购、合资企业等外生性科技创新发展的道路已经越来越窄，甚至可以说已经走到尽头，当前别无选择地必须全面加快内生性创新经济体系的建设步伐；另一方面，我们更需要高度警惕民族主义思维的过度膨胀，更为全面地衡量美国政府的国家意图，有意识地控制技术冷战向意识形态、政治、军事等领域全面冷战的蔓延或扩散。

2. 应对策略

全球新一轮科技革命和产业变革蓄势待发，科技创新活动不断突破地域、组织、技术的界限，创新要素在全球范围内的流动空前活跃。美国是全球科技创新中心和高科技引领者，技术封锁对中国短期会产生负面影响，但是一个国家的技术创新能力取决于资本、科研投入、市场规模、法制环境和应用场景等诸多因素，美国单个国家的遏制行为阻挡不了中国创新和科技的崛起。美国并不垄断所有技术，北欧、日本等在某些领域也有独到的技术优势，中国既要在更高起点上推动自主创新，也要全面开展国际科技合作，主动与国际接轨，以更大的开放化解封锁，深度嵌入国际产业链，走出国门，整合国外的信息、人才和技术，实现突围。对此，中国可从以下几个方面着手。

其一，倒逼自主创新，加快研发关键核心技术。美国日趋严厉的技术封锁倒逼中国科技自主自强，中国不得不加速行业改革，促进未来经济增长方式的转变。针对美国为保持技术优势而进行的对华技术封锁和限制，一方面，提高自主创新能力是统领中国未来发展的战略主线，要做好整体规划。对照各类管制清单，分析中国国家科技计划提出的重点任务的受限情况，认清中国在高技术领域的国际竞争状况，从而使重点任务的选择更加准确和完善。例如，可以优先发展与发达国家技术水平相近，且是我国急需的关键技术；适度发展与发达国家尚有较大差距，但属于战略型的技术等。与此同时，应强化被管制领域技术的知识产权布局，以尽早占领某些领域的技术高地。另一方面，持续跟踪美国出口管制政策的变化，以准确评估国外对华出口管制政策对中国高技术领域发展所产生的影响，运用发达国家对中国出口管制技术的指标，作为研发工作的定量评价标准之一。

其二，将关键创新要素的战略布局与区域经济发展战略进行协同。国家实验室等体现国家意志的重大创新平台的布局，必须考虑到各地区的资源禀赋、经济基础和人才储备。纵观美国联邦实验室的发展历程，战略性创新平台往往集中于人口、经济、文化要素高度聚集的大城市群。后者为前者提供了源源不竭的智力基础和科技转化应用的广阔空间，而前者为后者的社会经济发展提供了持续不断的新技术、新理念和新方向。中国在布局战略性重大创新平台时，应着重与京津冀协同发展、长江经济带发展和粤港澳大湾区建设等国家级区域经济发展战略相结合，优先考虑国内已经日趋成熟的世界级城市群。目前已建或筹建的国家级实验室无一落户粤港澳大湾区，这一局面亟须改变。只有充分依托区域级的经济大平台，才能更好地发挥创新要素集聚效应以及科技创新对经济发展的引擎作用。

其三，将大力发展科技型中小微企业上升为国家发展战略。发达国家把科技型中小企业看成是国家创新体系的基础。《欧洲小企业宪章》指出"小企业是欧洲经济的中坚力量"，德国有1000多家"隐形冠军企业"，而中国中小微企业的作用被严重低估。中小微企业是创新的生力军，试错成本最低，以自己的生死为创新探路。中小微企业不一定自己进行规模化生产，大企业是中小微企业技术创新和成果转化的市场。大企业搞大而全，什么都"自主开发"，就封闭了创新链条。中国应将大力发展中小微企业上升为国家发展战略。政策应向科技型中小微企业倾斜，各地政府不能只重视引进龙头企业，要把主要精力放在营造有利于创新的营商环境上，重点鼓励和支持科技型中小企业向高精尖企业发展。

其四，充分发挥"一带一路"倡议作用，加快形成覆盖创新全链条的国际科技合作平台网络。全面发挥科技创新合作对共建"一带一路"的先导作用，大力推动科技创新人员交流合作，与沿线国家共建一批国家联合实验室、技术转移中心、技术示范与推广基地等国际科技创新合作平台。面向全球有目的、分重点地在基础研究、前沿技术、竞争前技术等领域加强和优化国际合作平台布局。尤其要充分发挥企业优势，不仅可以引入公私合作模式，建设一批有影响力的产学研合作基地和国际技术转移服务平台，而且要鼓励我国科技型企业在"一带一路"沿线国家创新创业，开拓国际市场。在科技创新国际合作"走出去"的同时，我国也要完善工作和投资环境，出台高端制造业国际合作政策，寻找中外更多的利益共同点，吸引更多一流的世界人才和企业来华发展，鼓励外商在华设立研发中心，努力打造新的全球科技创新中心。

其五，必须大力营造能够容忍失败、鼓励创新、持久激励的创新生态环境，旗帜鲜明地进一步解放我国科研工作者的生产力。创新、创意从萌芽到长成就与不确定和失败一路相伴。虽然我国在技术创新领域的投入一直都在不断增加，但如果不改变急功近利的考核机制，不改变行政过度管理的创新环境，中国千千万万科技人才终究很难将他们的奇思妙想变成保障国家安全和发展主动权的国之重器。我国是科技人才资源最多的国家之一，但也是人才流失比较严重的国家，其中不乏顶尖人才。要想实现创新驱动的高质量发展，从根本上必须要以更大的魄力破除现存束缚我国科技人才创新的各种繁文缛节、陈规旧章，让科技人才成为我国知识与技术创新的真正主体。

美国科技创新能力的微观分析
及其借鉴意义

郑永年　蒋余浩

2018 年以来发生的中美贸易摩擦和美国对中国企业实施的科技禁令，使国人充分认识到我们在高新科技领域与世界发达国家存在着的巨大差距。此时，集中精力、认真细致地研究美国科技创新能力得以持续领先于世界的制度条件，具有显著的必要性和迫切性。现有的许多研究已就美国科技政策、科技法律、产学研体制、人才培养和管理制度做出了详尽描述，但是这些研究还远远不够。美国科技创新的主体是各类企业，既没有统一部署、严格执行的发展规划，也没有作为经济布局的产业政策，所有的政府政策、补贴机制、法律系统都是围绕市场主体的运作而不断加以调整的，即使是政府部门或军方机构推动科技创新项目发展，通常也是以平等主体的身份进入市场。因此，必须把研究视点聚焦到美国科创领域的企业本身，观察在不同时期美国市场主体为适应市场变化而在劳资关系、组织结构、商业模式、融资策略等方面进行的变革。对美国科技创新领域微观制度基础的分析，一方面能够揭示二战以来美国在科技创新领域持续领先的制度原因，另一方面也能揭示美国社会当前日益恶化的不平等现象之所以产生的制度根源，为中国各级政府更有效地引导和扶持科技创新事业蓬勃发展，同时避免严重的发展失衡提供参考。

一　大公司为主导的市场社会发展：从二战前后至 20 世纪 70 年代

二战前后，美国大公司的最显著特征是职业经理人阶层的崛起。一战导致的经济不景气使许多大公司陷入财务困境，原本通行的企业家治理模式（实行集中化管理、按职能划分部门进行市场对接）已经无法应对大公司产能过剩、与市场需求脱节等难题。通用汽车公司、通用电气公司和杜邦公司等大公司，率先实施公司组织变革：在高层，形成由公司总主管和庞大的财务机构及咨询机构组成的总办事处，负责根据预测出的市场需求来调整公司政策；在基层，形成具有自主性但同时相互结合的分支公司，负责日常经营活动，同时及时反馈市场的细微变化。这套新的公司治理模式表现出兼备长远规划性与市场灵活性的双重特征。到了 20 世纪 30 年代，无论是旧有的大型控股公司还是新成长起来的公司都广泛采用这套基本组织模式及管理程序。

职业经理人阶层的崛起在如下 3 个方面深刻地改变了美国的整个市场社会。

1. 推动全国性统一市场的实质建立

为了形成全国大市场，美国联邦政府多年来进行过大量的努力，然而由于联邦主义的二元体制、小政府式的有限监管权限等制度条件的制约，联邦政府促进统一大市场形成的政策选择空间并不大。真正能在实质上推动统一大市场形成的，是伴随着职业经理人阶层崛起而大幅增强的大公司的多样化经营能力及相关的市场拓展能力。职业经理人对新产品和新市场具有高度的敏感性，而且能够有效利用公司的管理制度和设备。例如，从 20 世纪 20 年代开始，通用电气公司等电气机器制造商进入各式家电产品以及 X 射线器材的生产领域等。这种多样化格局迅速成为美国工业企业的运营常态。大公司的多样化发展策略在高效的管理能力和市场开发能力的支持下，促进了美国战后市场社会的快速成长，促成各类全国性专业市场的诞生并且由此实质性地拓展了全国性统一大市场。美国国民生产总值从二战后 1947 年的 3099 亿美元，上升到 1969 年的 7271 亿美元。

2. 强化科技在经济发展中的核心作用

职业经理人主导下的多样化的市场策略使企业内部研究机构受到高度重视，这些研究机构推动科技创新与市场行为的紧密结合。在二战后，研究和开发工作的效益持续加强，按照著名美国工业史学大师阿尔弗雷德·钱德勒的统计，到了 20 世纪 60 年代，大型工业企业研发能力的增强使得几乎所有的主要化学制品公司、电气机器公司等都已制造十种或十种以上的标准工业分类中四位数组的不同工业种类的产品；大部分大型的金属公司、石油公司、机器制造公司则在制造三种到十种四位数组的不同工业种类的产品。企业研发能力和产品创新能力的快速提升产生了两个方面的巨大效益：其一是帮助企业获得极强的适应市场需求变化的能力。例如，冷战期间的军备竞赛和朝鲜战争、越南战争使美国军方订单剧增，而许多大型工业企业能够立即承接新订单，仅通过组建一批分支公司，就能完成与政府签订的合同中的各类武器装备（包括常规枪支、航母、导弹、潜水艇、核反应堆、大型飞机、宇宙飞船等）的生产制造。与这个变化形成对照的一个案例是，在1931 年，坚持不采用多样化策略的老牌大型工业企业福特公司承接为美国政府制造潜水艇的项目，但由于项目内容和材料要求特殊，福特公司的研发及生产力量无法满足其要求，因而宣告失败。其二是通过开发复杂技术产品进一步强化大型工业企业的垄断地位。在受技术影响最大的制造业和通信业中，自动化、电脑、新材料的研发投入短短几年就能引发一场近似工业革命的大变化。在1947年，美国200家大型企业对制造业增加值的贡献达30%，到了1968年，该值已经上升为60.9%。大型工业企业还包揽了绝大部分的非政府基金以及集聚了政府之外从事工业研究和开发的研究人员。

3. 为美国社会出现大规模的不平等埋下了伏笔

美国政治家长期以来为防范金融投机的恶性扩张而付出了大量努力，使美国社会保持在实体经济发展所形成的人们可以接受的收入差距下。在罗斯福新政中，联邦政府出台措施，如强化中央银行的功能、组建公共投资银行、划分商业银行与投资银行的业务范围、建立联邦存款储备金制度、建立大批地方性商业银行、建立一系列金融中介组织以承接专门领域的抵押贷款业务等，旨在将金融限制在为（全国或地方的）实体经济服务的位置上。然而，职业经理人阶层的迅速崛起潜在地加剧了金融系统风险爆发的可能性，最终导致不平等的日益加重。其一，在现代公司治理结构的所有权与管理权分开的制度条件下，通过股权激励防止管理层"败德"是一个不错的选择；但是，对管理层的股权激励措施带来一个副作用，即管理层过于受"股东利益最大化"原则的约束。20世纪60~70年代的美国实体经济发展向上走，大中型工业企业的融资首先是通过企业利润提留金实现的，金融对于制造业还没有表现出控制力。然而，发展到20世纪80年代之后，制造业等实体经济被"日本制造"打压得喘不过气来，对公司财务报表负主要责任的职业管理层就很难抵御投机性金融服务的诱惑。作为全国流动性证券交易市场，纽约证券交易所的改制也加剧了这种诱惑。20世纪90年代以来，美国金融机构的急剧扩张、金融衍生品的不断创新，有其制度性根源。其二，职业经理人动辄数十万、上百万美元的薪酬，与普通雇员数万美元的收入有巨大差距。这种收入差距还随着时间推移不断加大：按照美国经济研究所 2016 年公布的数据，1965 年，美国大公司主管的平均薪酬为 83 万美元，企业雇员平均为 3.9 万美元，前者约是后者的 21 倍；及至 2000 年，前者为 2040 万美元，后者为 4.7 万美元，前者约是后者的 434 倍。需要注意的是，管理层的薪酬并不仅限于薪水，大公司主管的薪水在整个公司的工资支出中往往不占太高的比例，管理层的收入中很大一部分来自股票、分红和长期奖金。这个薪酬结构的设计也使得美国社会将这种社会不平等现象视为理所当然，而整体教育、文化体制都围绕着如何实现阶层向上流动的"美国梦"来设计，不大会去思考从根本上改革这个制度结构。北美顶尖高校中经常会兴起进步主义思潮，如 20 世纪 70 年代兴起的批判法学运动、批判会计学运动、批判金融学运动等，对既有制度结构提出反思，然而在社会实践中的影响并不显著。

总而言之，在二战之后直至 20 世纪 70 年代末，拥有多分支公司结构、实施多样化经营策略的大公司支配着美国经济发展，其科技创新能力很快使美国公司的竞争力领先于世界。IBM、微软等世界领先的新技术公司都是在这个历史时期创建，并且以多分支结构和多样化经营策略发展壮大起来。美国公司从 20 世纪 50 年代开始向海外市场扩张，其 200 强公司在欧洲的直接投资额从 1950 年的 17 亿美元迅速上升到 1970 年的 245 亿美元，海外分支公司也并不局限于某类单项经营，而是综合负责在当地的投资、制造和销售等混合性业务。制造业与本土科技创新企业的分立，使得美国社会就业机会减少，加剧了美国社会的收入不平等。可以说，正是以大公司为主导的科技创新模式，一方面为美国技术进步奠定了坚实基础，提升了美国国家竞争力，另一方面又潜藏着剧烈的经济社会危机，导致在我们这个时代里的民粹主义抬头。

二 硅谷中小企业领衔的创新能力腾飞：
从 20 世纪 90 年代到当前

20 世纪 70 年代中后期到整个 80 年代，日本的制造业把美国打得抬不起头。这里不介绍美国大公司的窘迫处境，而是首先简要分析一下日本企业的优势制度条件。美国大型工业企业对研发的投入是一以贯之的，即使在屡次经济不景气的时期，通用汽车、AT&T、杜邦等大公司虽然大幅削减预算，但仍持续增加研发投入。日本企业完全是凭借制度的优势而提升了其产品的创新竞争力。

日本企业的竞争优势集中在三项制度上：稳定持股、员工序列制、主银行体系。稳定持股保证企业高级管理层不易把注意力转移到投机性经营上；员工序列制一方面培育工人对于企业的忠诚，另一方面削减高级管理层与普通雇员之间的收入差距，使刻苦钻研技术革新和工艺进步成为企业文化；主银行体系为企业提供稳定的融资保障，同时不迫使其追求短期利润。总之，在 20 世纪 50~60 年代，日本还全然看不到其企业具有参与国际竞争的可能性，然而就是在这三项制度保障下，管理人员与制造工人协同、金融机构与企业协力，共同致力于日本制造业的起飞。

日本经济在 20 世纪 90 年代的衰败是学术界迄今未有定论的课题，这里不做讨论。有意思的是，在日本制造的冲击下，美国老牌大型工业企业遭遇沉重打击，而在原本的经济贫困地区旧金山湾区，大量中小企业却学习到了日本企业的员工持股的激励机制、管理人员与技术人员协同的管理机制、风投作为资金保障的融资机制，维护并提升着美国的科技创新领先地位。在分析硅谷中小企业组织制度状况之前，有两个经常被媒体渲染的"误解"必须首先予以澄清。

第一个"误解"是，"硅谷代表了美国在 21 世纪的科技创新能力"。从整体来看，美国的科技创新能力其实已经处于衰落过程中，硅谷在美国属异数。美国经济评论家 Michael Mandel 在 2009 年 6 月的一期《商业周刊》（*Business Week*）上发表的题为《美国不再能实现创新》的文章中分析指出：美国大型科技企业早已不再依靠其科技创新能力生存，而是直接从股票市场中赢利。数据更扎实的学术研究同样指出，在纳斯达克上市的那些科技公司通过"回购"公司股票而大幅获利：2000～2008 年全美回购股票金额最多的十大公司中，高新科技公司占了四席，其中微软排名第二（回购金额 943 亿美元）、IBM 排名第三（回购金额 729 亿美元）、英特尔排名第八（回购金额 488 亿美元）、惠普排名第十（回购金额 433 亿美元），这几家公司用于股票回购的资金远远超过其研发投入。此外，收取巨额专利费用也是这些大型科技公司近年的主要利润来源。把以中小科技创新企业云集著称的硅谷当作美国当前科技创新能力的"代表"，经常会忽视一些制度建设方面的因素，如必须确保金融为实体经济服务、创新知识产权保护机制等。

第二个"误解"是，"硅谷是通过政府启动、依靠斯坦福大学的科研力量而建成的"。硅谷在早期从事半导体研发时的确接到过一些政府订单，但是为数不多，而且与之形成对比的是，波士顿地区的许多科技公司主要是承接政府项目（这与该地区聚集了哈佛大学、MIT 等优质科研资源有关），但波士顿地区目前在科技创新方面远不及硅谷活跃，近年来也鲜闻其培育出什么知名科技企业。同样，斯坦福大学与硅谷的关系不能用谁决定了谁来表述，斯坦福大学成为全美一流大学还是在硅谷成为半导体产业聚集中心之后。放大硅谷与政府和大学的联系，会经常形成一些误导性政策建议，如主张政府对科技企业的扶持，或者在大学附近建造科技园区和实验室等，却没有从根本上思考如何发挥市场机制的作用。

从创新主体的微观制度基础来分析，硅谷中小企业最突出的特点有三项：其一，以"同好"（peer）为基础的企业组织结构。硅谷中小企业的创立通常都是建立在少数技术人员的共同理念上，这种高新技术人员以"同好"为基础的共同创业理念，促使硅谷的高技术小企业既能保持企业内部的小规模，又有条件追求全球竞争力。而当企业规模变大时，意见不合或利益纠葛不可避免地导致内部人员无法合作，硅谷又能以极强的"宽容"文化容纳各个企业创始人或管理者选择裂变的形式，带着新的技术或理念创立新的竞争性企业。而且，这种宽容文化不只针对始终在硅谷本地发展的中小企业：在硅谷发展史中，硅谷企业的"叛徒"携带高技术工业中标准化产品的制造部门转移到南部或西部地区，而在硅谷只保留研究和开发的机构，这样的事例也不少。总之，硅谷高新企业内外形成一种松散的、多样化的工业结构和生产结构，其基础是创业者基于"同好"的理念，其发展又是基于对新理念的尊重和支持。例如，打造了硅谷高新产业园区名声的仙童半导体公司，就是著名的"仙童八叛徒"缔造的，他们基于专业化技术之上的合作而后又分裂的经历造就了半导体工业的超细化分工。

其二，对许多约束性法律的变通适用。在硅谷，奇特地存在着许多对于法律的变通适用的惯例，为企业和技术人员的自主发展创设了巨大空间。例如，借助科研机构或公司完成的职务发明如果需要投入生产，研究者与其公司必然会产生纠纷。而在硅谷，人们对新技术的利用似乎完全忘了还有"职务专利"这个法律规定。思科公司甚至允许员工在本公司内部开设属于其个人的小公司，从事感兴趣的研发，在研发取得成果之后，思科还得通过收购该小公司的方式取得成果的所有权。另外，硅谷企业之间的员工"跳槽"成风，各个企业从不将与员工签订的"同业竞止协议"当真，旧员工拿着新技术开设公司或投靠别的竞争性公司的事例比比皆是，在硅谷也很少出现这方面的诉讼。这种开放的风气如今在我国的高新技术行业领域中也有所表现。

其三，以风险投资作为科创的融资工具。高新技术产业是高风险产业，研发并不能保证产出，这是传统银行业不敢（也不应）向它们投资的原因。伴随高技术产业的兴起，也产生了一种新型的资本形式，这种资本不依赖传统金融行业，而是从风险资本家（venture capitalists）手中获得资金。据统计，现代风险资本的80%是用于高新技术产业的。硅谷是全美风险性创业投资的主要活动中心，美国几乎50%的风险投资基金都设在硅谷，最集中的地方是门罗公园市的"沙山路"（Sand Hill Road）3000号，这里已成为风险投资的代名词。硅谷的创新企业与风险资本结合的全盛时期是20世纪70年代中期，硅谷中比较著名的风险投资公司如阿瑟·洛克、克莱纳—珀金斯—门罗帕克等公司对硅谷重要的创新公司如仙童、苹果、英特尔等的发展壮大起了举足轻重的作用。如果没有这些风险投资家，就不会有集成电路、微处理器、个人电脑等高科技产品，也就不会有硅谷的存在。发展到今天，风险投资家已经与创新企业融为一体，如红杉投资公司等风投企业除了进行金融投资外，投资人还为新兴企业提供发展建议以及会计、律师、广告商等支持性服务人员；另外有些风投公司还帮助组织和改造科创企业的团队等，充当企业发展顾问的角色。

专门指出以上三点，并不是说美国政府为硅谷设置的政策、投放的项目订单或者制定的专门性法律制度对于硅谷没有帮助，也不是说斯坦福大学的教育资源、科研资源、人力资源没有融入硅谷的发展历程，而是说这些都是次要的因素，是随着硅谷的发展及在硅谷的运作之中逐渐显现其作用的。硅谷最核心的创新原动力就在于市场、开放的制度环境和风投的资金。具有创业理念的技术人员，只需要有自由创业的空间和自由创业所需的资金支持，市场机制就会指引他们走向成功的方向。

三　美国经验的启示

上文简要分析了两个时间段内美国科技创新企业的组织特征及发展状况。这样的分析并不能涵盖美国科技创新产业的全貌，然而可以从中总结出一个基本的经验作为借鉴：美国科技创新能力的发展是建立在以企业为主体、以市场为引擎、以政策法律为辅助的整体性创新系统基础上的。二战以来，层出不穷的科技创新产品都是市场主体追求市场份额的产物，即使是军方的研发成果，其价值的实现也是通过市场而不是作为保密项目被束之高阁。正是由于市场活力不断，多分支的大公司淘汰了传统企业家型公司，硅谷中小型企业又超越了大型科技企业。这样的创新还会持续进行下去——例如布鲁金斯学会发布的一份调研报告中声称，最近几年又涌现出一种新的"创新模式"，即越来越多的创新型企业和有才能的员工选择在中心城市的核心地域聚集，他们将关键设施安置在靠近其他科技公司、研究实验室和大学的地方，以便可以分享后者的知识和理念。

当前的中美贸易摩擦实质正是美国发起的科技战。中国的经济增长长期以来依靠外商投资和加工贸易驱动，的确难以在高新科技产业的核心技术上取得重大突破。就半导体产业而言，根据《瞭望》2018年第18期刊登的调研文章《我国芯片产业何时自主可控》，我国目前基本可以生产中低端芯片，某些细分领域的消费类芯片制造技术甚至已领先于国外，但高端芯片（应用于通信、医疗、工业、军事等领域）对外依赖大。实现芯片产业的自主可控面临着技术路线风险（需要不断试错和探索）、专利壁垒（基于国外技术的先发优势）、应用生态的建立（即培育新的大规模的用户，从而使技术创新在应用中不断得到改进）等重大难题，不是政府、市场和企业等任何一个主体单独可以解决的，需要改革创新决策体制、科研管理体制和投资体制，使政府与投资者、科研工作者、生产者和运营商等行业人士充分协作，有效整合资源，并以政府引导、行业参与、市场机制起决定作用的方式稳步加以应对。

针对当前的问题，需要各地、各级政府尽快出台落实中央关于深化科技体制改革、加快国家创新体系建设各项政策的具体实施方案。而在借鉴美国科技创新能力持续领先的经验时，不能仅获得一些急功近利的见解，如加大政府扶持、建立科技园区或者出台规范方案等。如同美国科技公司"金融化"导致社会不平等现象加剧，中国政府倘若政策实施不当，也会引发社会发展失衡的危险（如延缓产业升级、制造出社会不公等）。我们认为，美国科技创新实践的有益启示包括以下几点。

其一，需要大力培养创新主体。科技创新企业才是高新技术行业的创新主体，需要政府有意识地分类加以培养。例如，对于中小型科技创新企业，尤其是民营企业，应当设置资金启动、补贴、技术指导、政策指导等机制，对其大力扶助，使之成为应用性创新的主力军，在市场中检验其产品的质量。对于大型国有企业，因其长期存在创新意愿不强、创新激励不足的问题，应当借助国企改革的机会，解决其创新动力不足的难题，例如以与政府合作开展项目的形式推动其参与基础性科研，调动国有企业的资金和技术优势，攻克基础研究的难题。2018 年 4 月 19 日，科技部和国资委联合印发《关于进一步推进中央企业创新发展的意见》的通知，设定 9 项重点任务，实质是要求中央企业在科技创新和制度创新上发挥战略引导、平台引导、协同引领的作用，为此需要研究出台配套制度和机制，使央企能带动上下游产业链条上的科研机构和中小企业共同繁荣，推动央企在创新型国家建设和科技强国建设中充分发挥"基础性、引导性和骨干性作用"。

其二，鼓励建立科技创新行业的中介机构。高校和科研机构的研发成果往往难以与市场对接，有必要大力鼓励在科技创新行业中建立中介机构，帮助科研人员找市场，帮助市场找科研成果。与此相配套，必须深化科研体制改革，确保《促进科技成果转化法》落地，制定具有突破性的促进科技成果转化应用的政策措施，如放松职务作品的认定标准，或建立研发者享有自主处理权、科研单位收回必要成本的科研成果转化制度等，打破横亘在科研机构与创新型市场之间的种种障碍。

其三，以鼓励为原则，规范风险投资行业发展。风险投资企业可以为创新型企业提供支持，可以营造活跃的科技创新社会氛围。即使在各类风投活动中出现"泡沫"，只要是基于市场的行为，都无须过激干预，以免扭曲市场自身的调控能力。政府对于风投行业的规范，应该集中在两个方面：第一，对风投的资金来源进行监控。严格监管各类金融机构的资金，使之不得流入风投行业，规定金融应当为实体经济服务，不能从事非生产性经营活动。第二，建立风投行业的社会征信体系。根据风投企业、从业人员、投资对象企业及其团队的情况建立社会信用系统，维护有序的市场活动。

其四，探索知识产权保护的创新路径。当前国际适用的知识产权制度系统有其不合理的内容，成为发达国家或者跨国大公司实行贸易保护的工具。许多国际一流的经济学家、科学家、法学家都在不断呼吁改革这些不合理的内容。但是，我国不宜以情绪化的方式应对这种国际法律制度不合理的状况，而是必须正视我国知识产权保护水平不高、制度不健全、法律人才缺乏的现状，在不断提升知识产权保护水平的基础上渐进地推动国际合作，共同探寻国际知识产权制度的变革途径。因此，一方面，需要加强国内知识产权执法力度，防范各种潜在的法律风险，以此减少国际贸易摩擦的借口；另一方面，需要在对外贸易和合作中推动国际社会共同讨论知识产权的变革路径，结合国际科学界、经济学界、法学界对于发达国家知识产权保护过于僵化从而阻碍创新的批评意见，促成国际知识产权规范体系变革，为更多科技成果能够得到有效应用、更多技术或工艺能够实现有效突破打开法律枷锁。

其五，培育开放共享的创新文化。在严格信息安全和权利保障的基础上，支持开源技术的研发，推动开源文化的建立和发展，培育"网络创新共同体"的新型理念。"开源"就是建立在基于共同爱好之合作基础上的一种理念和行动。任何人投入开源产品的创新，既能够无成本地利用此前创新的成果，又必须无条件地向后继者开放其新成果，这是一种不计回报、纯粹基于兴趣的创新活动。只有这样的理念深入人心，中国才能在真正意义上成为创新型国家。政府不应在具体科创项目上介入过深，而应当考虑长远的创新文化建设的问题，为建造一种崭新的、开放共享的文化理念付出努力。

美国制造业的困境及其复兴战略

谭 锐 郑永年

一 美国制造业的困境

在 2010 年的时候，美国的制造业总产出位居世界第一，但现在已经被中国超越了。近年来，美国各界都十分关注美国制造业的发展趋势，许多人担心制造业的衰落会削弱美国作为世界经济强国的地位。这是不无道理的，因为从长期来看，美国制造业在产出结构、就业、贸易等三个方面均出现了不利于美国经济的重大转变。

第一，尽管美国制造业的 GDP 占比在过去几十年里大体保持稳定，而且生产率提高很快，但这主要是由于制造业中的计算机和电子产业表现突出。除了计算机和电子产业，九成制造业的实际 GDP 占比都大幅度下降了，而且生产率的提高速度相当慢。1987～2011 年，制造业实际增加值的年均增长率和 GDP 年均增长率差不多一样，分别为 2.6% 和 2.5%。然而，剔除计算机和电子产业之后，制造业产出在此期间的年均增长率下降为 0.6%。尽管计算机和电子产业只占制造业名义增加值的 10%，但它的年均实际增长率接近 20%，这个数字是其他制造业的 30 倍，而且它对整个制造业增长的影响是非常显著的。美国制造业全行业的劳动生产率在 1987～2011 年间以每年 3.3% 的速度上升，高出同期全部非农经济部门 1.1 个百分点。同样，多元要素生产率在制造业中增长得更快。然而，非计算机制造业的劳动生产率增长水平与总体经济平均水平相当，甚至低于平均水平。这些产业的多元要素生产率提高得很慢，平均每年只有 0.3% 的增长率。

计算机和电子产业在制造业中的一枝独秀对美国制造业来说似乎并不是什么好事。表面上看起来稳定的制造业实际上是很脆弱的，因为它的增长来源非常狭窄。而且，这个表现良好的产业正在快速地向海外转移，美国目前已经变成了一个进口计算机和周边设备的大国。在 20 年的时间里，美国从世界领先的计算机制造商沦为诸多普通的竞争者之一，这引发了美国国内的担忧。

第二，美国制造业就业不仅在相对规模上稳步下降，近年来其绝对规模更是大幅跌落。美国经济在 1990 年经济衰退发生后的头几年复苏缓慢，但很快随着消费的快速增长，美国国内的消费需求开始激增，同时新技术的繁荣刺激了投资，房地产市场升温。得益于美国国内消费需求的增加，所有产业的就业都有所扩张。2000 年之后，就业增长率非常缓慢，并最终被 2008 年的金融危机所破坏。许多主要产业的就业增长率甚至成为负值，制造业是受冲击最严重的部门。与 1987～2000 年相比，在 2000～2011 年间，全部非农经济部门年均就业增长率由 2.1% 放缓至 −0.1%，即下降 2.2 个百分点，而制造业则是下降 3.3 个百分点。如图 1 所示，在经历了 20 世纪 80 年代和 90 年代的波动之后，制造业就业规模在 21 世纪初快速下降，其中，计算机和电子产业的降幅最大。

在 20 世纪 90 年代，制造业就业总体规模维持在 1700 万人左右，而在 2000～2010 年，制造业有 570 万个工作岗位消失了。有研究指出，制造业就业占比的下降并不是由 1987～2011 年生产率快速增长导致的，主要原因是制造业产品的消费支出占比以及制造业产品在美国国内生产的比重下降了。

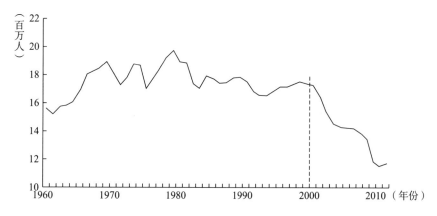

图 1　1960～2011 年美国制造业就业规模趋势

数据来源：*Industry Accounts of the Bureau of Economic Analysis*。

第三，美国制造业出现了巨额贸易赤字。直至 20 世纪 80 年代初期，美国大体上维持着制造业的贸易平衡。此后，制造业贸易赤字规模随着时间稳步增长。2000 年的赤字是 3160 亿美元，2005 年攀升至 5420 亿美元，尽管遭受了金融危机的冲击，赤字在 2012 年仍然高达 4600 亿美元，超过了总的经常账户赤字（4400 亿美元）。分地区来看，美国与世界上许多地区之间存在大量制造业贸易赤字。虽然赤字规模已经从 2005 年左右的峰值降了下来，但是美国与亚洲国家的贸易不平衡问题日益突出。美国制造业的贸易赤字在 2000 年有 3/4 来自与亚洲的贸易，这一比例在 2012 年超过了 100%。

美国人认为，上升的贸易赤字是制造业增加值和就业率自 2000 年之后急剧下降的主要原因，尤其是与中国的贸易赤字。2000 年后，美国制造业就业率的下降幅度与日益不平衡的美中双边贸易同步，这表明，美中制造业贸易与美国制造业岗位的流失密切相关。近年来，美国与中国的贸易赤字无论是在规模上还是在增幅上都尤为显眼。有研究指出，自 1990 年以来，美国从环太平洋国家和地区进口的商品在制造业进口中的份额几乎不变，但来自中国的份额从 1990 年的 8% 上升为 2011 年的 55%。[①]

二　美国制造业的复兴战略

1. 制造业复兴战略的思路

美国制造业的衰落会引发生产率迟滞、失业、贸易赤字、国际竞争力不足等一系列问题，直接危及美国的整体经济。因此美国政府、学界、业界认为出台复兴美国制造业的政策迫在眉睫。2011 年 6 月，总统科技顾问委员会（科技顾问委）向奥巴马总统提交了白皮书《确保美国在先进制造业中的领先地位》。他们在白皮书中称："对于那些由低工资、非熟练劳动力生产出来的产品，美国长时间内无法与之竞争，但是在尖端制造业领域却未必如此，因为这些领域的产品和生产过程是由科学发现和技术创新驱动的。"显然，科技顾问委关注的焦点不是低技术的制造业部门。他们认为，发展先进制造业才是美国恢复制造业领导地位的必由之路，更重要的是，先进制造业将对美国的生产率、知识生产以及技术创新形成有力的支撑。

为什么美国选择以先进制造业作为扭转经济颓势的突破口？这与先进制造业自身的特性及其在经济发展中的地位有很大的关系。具体有以下原因：（1）在就业和收入方面，美国先进制造业目前仍为 GDP 贡献 1.6 万亿美元收入，并且为 1300 万的劳动者提供工作岗位。此外，美国劳工统计局的数据清楚地表明，高科技工作者一般都比其他职业的人员有更高的收入。因此，高收入经

---

① Morrison, M. Wayne, 2012, China-U. S. Trade Issues, US Congressional Research Service Report, RL33536.

济必然是高科技经济。（2）在增长动力方面，高技术制造业比传统制造业更强劲。数据显示，2011 年美国制造业部门的真实产出与 1999 年差距不大，但在制造业内部却存在着巨大的增长率差异。2000～2009 年，半导体、通信设备、计算机、制药、医疗设备五大研发密集型制造业的真实产出平均增长了 27%。相比之下，化工、机械、电气设备、塑料和橡胶、金属制品五大传统产业的平均真实产出增长率为 -23%。（3）在贸易方面，国家间贸易的主要部分仍然是实物产品。传统服务业的一个特征是生产与消费同时发生，服务要能立即而直接地送达消费者，这意味着进口服务的成本非常高昂，贸易量大大缩小。在可预期的未来，美国经济无法依靠服务贸易移除巨大而持久的总体贸易赤字。（4）在技术进步方面，先进制造业是技术创新的沃土。先进制造业的研发活动仍然是整个经济体获取新技术的主要来源。美国国家科学基金会的数据显示，美国先进制造业部门吸纳了全行业 70% 的研发支出和 60% 的科学家和工程师。先进制造业的消失会极大地降低创新的基础设施规模和使用效率。美国私人制造企业雇用了大批科学家和工程师从事研发工作，一旦先进制造业向海外大规模转移，势必削弱国内私有经济部门的整体研发能力。（5）在空间组织方面，越来越多的制造企业倾向于把研发服务纳入企业组织，这一事实突出了制造业和高技术服务业共同集聚的要求。这种集聚在现代技术密集型产业以多学科交叉为背景的情况下变得更加重要，因为新技术的形成要求许多不同领域的专家进行更广泛和更复杂的互动。这种现象可能存在于单个产业的研发活动和制造活动之间，也可能存在于不同的制造业之间，以及制造业与服务业之间。因此制造业和高技术服务业集聚在同一个地方是很重要的。

通过上述分析，可以将美国制造业复兴战略的主要思路概括为：以先进制造业，包括先进材料、航空航天、生物技术、柔性制造、信息通信、生命科学、光电子等为载体，在美国本土构造从后端基础研发到高技术产品制造，再到前端市场服务的一体化产业价值链，重塑美国的产业结构，夯实国内经济增长基础，同时利用高技术产品和服务扭转贸易逆差。

2. 先进制造业的政策内容

2009～2011年，美国的许多商业协会、公共政策智库、学术机构以及政府机构纷纷发布各种关于美国制造业发展战略的设想，引起了美国社会的广泛关注和讨论。这些战略设想集中体现在表1所列的11个研究报告中。通过归纳总结这11个报告的内容，本文把它们的政策措施大致分为9个不同的类别。

表1 美国各类机构发布的制造业复兴计划

序号	年份	文件名称	发布机构
1	2009	《复兴美国制造业的框架》	总统执行办公室
2	2009	《美国制造业的整体观》	国家先进制造业委员会
3	2009	《制造业的使命：激发创新型经济体的活力》	制造业技术协会
4	2010	《国家制造业战略》	美国制造业协会
5	2010	《产业研究：制造业》	军事工业学院
6	2010	《美国需要制造战略》	新美国基金会
7	2011	《公共政策议程》	美国钢铁研究所
8	2011	《点燃1.0：美国CEO看制造业竞争力》	竞争力委员会
9	2011	《制造业复兴纲领》	信息技术与创新基金会
10	2011	《制造业战略：为了就业和美国的竞争力》	国家制造业协会
11	2011	《总统报告：确保美国在先进制造业中的领先地位》	总统科技顾问委员会

第一，能源和环境政策。通过诸如持续扩大联邦政府对清洁能源制造业的信贷支持，利用财政拨款提高工业能源效率，以及对新能源基础设施项目进行贷款担保等措施，发展新能源和绿色科技。同时，推出一个综合性的国家能源政策，包含鼓励节约和

提高能源利用效率的技术开发，并且平衡在各种传统能源（例如煤炭、天然气、核能、石油）和其他可替代的能源（例如生物能、太阳能及风能）上的投资比例。最后，推进保护环境的政策，包括为气候变化立法，积极鼓励对环境保护的投资和创新，以及从全球性视野考虑环境治理问题。

第二，提升整体营商环境政策。鼓励政府、企业、学术机构开展合作，以便更好地协调和制定公共政策，从全球竞争力的视角正确地发展和评估国内营商环境。为了保证资本流入制造业，要修订中小企业管理规定，政府需要根据当前的经济条件采取相应的措施，鼓励银行创造和维持一定程度的定向信贷，并且建立专门服务于制造业的投融资机构以吸引私人资本。通过加大出口信贷支持力度，提高出口企业的活力。最后，推进有效的医疗改革，降低制造企业的运营成本。

第三，人力资本政策。大力发展科学、技术、工程、数学四大学科的技能教育，用金融工具奖励教育培训企业，并为学生提供拨款和奖学金。社区学院、商贸职业学校，以及工作培训项目中的教学课程应该创造灵活的教育方式，以便强化学习者对四大学科的理解能力。此外，修订那些阻碍吸引和留住顶尖外国技术人才的绿卡申请程序，以及吸收具有良好工作经验的国外移民。

第四，基础设施政策。包括启动一个长期的、全部由燃油税融资的地表交通基础设施项目；设立国家基础设施银行，为改善耗资巨大、周期漫长的基础设施工程提供资金，例如核能设施和国家电网系统。

第五，产业政策。通过联邦政府与私营工业企业的合作维持独特而关键的国防工业基础能力。此外，要通过与美国的盟友发展战略性制造业伙伴关系巩固国防工业基础能力。

第六，创新政策。仍要强化联邦政府直接资助基础和应用性研究的重要角色，同时，把对私人部门开放国家创新资源。联邦政府应该支持区域性的产业集群或制造业创新、学习和生产网络。

第七，管制和法律政策。创造一个能够提高经济增长的管制环境，从全球性的竞争能力视角构建一个能够分析和评估管制影响的标准程序，并且减少遵守管制的成本和复杂性。由于民事侵权行为每年产生的成本要占到美国 GDP 的 2%，因此要以合乎常理且公平的方式实施关于民事侵权行为的法律改革。

第八，税收政策。制定具有全球竞争力的公司税率，并且降低制造企业在美国投资和创造就业岗位的税负。避免对美国制造企业增加任何新的税种。提高研发活动税收抵免额度并使之永久化，以便鼓励制造企业对研发活动进行长期投资。

第九，贸易政策。在严格执行现行贸易协定的条件下，保证美国的贸易权利，并保证其他国家都遵守 WTO 的规则和管制。直接惩罚那些为了获得不公平贸易优势而操纵汇率和实施非关税壁垒的国家。同时，创造一个现代化的、综合性的美国出口控制体系，在不损害美国国家安全的前提下鼓励制造业出口。由于知识产权是美国的一大竞争优势，必须在国内和全球的所有层面上予以严格保护。

从上述庞杂的内容来看，美国的制造业复兴战略并不是一个单纯的针对制造业的产业政策，它实际上是一个以制造业为载体、以技术创新为核心、以重构美国经济结构为最终目标的宏观经济政策。制造业复兴战略被寄予重望，这是美国政府反思金融危机根源，并努力寻求解决方案的结果。

三　美国制造业复兴战略的前景

尽管美国各界雄心勃勃地提出了一系列制造业复兴战略的构

想，描绘着美国更好的未来，但是在现实中，制造业复兴战略的实施不可避免地将遇到诸多阻碍，并且这些问题都不容易解决。美国制造业的衰落是一个系统性问题，源于美国长久以来形成的政治经济体制痼疾，很难在一朝一夕改变。本文认为美国制造业复兴的体制性障碍主要有三个方面，即经济增长模式的扭曲、财政资源的掣肘，以及分权体制的不利影响。

1. 经济增长模式的扭曲

（1）过度金融化

20 世纪 80 年代以来，美国的金融创新和金融去管制化促使金融衍生品不断产生，新的金融产品大大提高了债务杠杆，也扩大了可以用于抵押的资产范围。繁荣的金融市场为消费者和企业提供源源不断的抵押贷款以支持其债务融资支出。在此期间，把企业看作是一组可交易资产的金融思维改变了非金融企业的管理宗旨——对所在专业领域进行投资和创新。这种思维从根本上改变了企业管理行为，为股东创造价值成为许多企业的核心管理理念，以往薪酬与长期的市场份额、销售量、生产利润挂钩的激励机制变成与股票价格挂钩，提高公司股票价格的短期规划成了管理的焦点。[1] 研究显示，美国投资者对股票所有权的持有时间从 1980 年之前的平均 5 年下降到了 2002 年的 1 年。[2] 这意味着，股票市场迫使企业负责人越来越注重短期业绩，并将企业的发展战略从生产性的项目转向金融性的项目，企业成长这一长期目标日益被实现

---

[1] Dobbin, Frank and Dirk Zorn, 2005, Corporate Malfeasance and the Myth of Shareholder Value, *Political Power and Social Theory*, 17: 179-98.

[2] Crotty, James, 2009, The Bonus-Driven 'Rainmaker' Financial Firm: How These Firms Enrich Top Employees, Destroy Shareholder Value and Create Systemic Financial Instability, University of Massachusetts, PERI Working Paper 209.

短期盈利目标所取代。[①]

非金融企业金融化的一个严重后果就是新的生产性资产投资相对于金融投资来说越来越缺乏吸引力。非金融企业越来越多地投资金融产品而不是核心业务。一项研究估计，非金融企业对金融产品的总投资在 1980 年之前占全部投资的 28%，到 2000 年则上升至 50%。金融部门吸收了越来越多的非金融企业现金流，非金融企业用于支付利息、分红和股票回购的现金流占比在 1980 年之前不到 30%，之后则高达 78%。1980～2000 年间，平均每年有54% 的公司自由现金流入投资者而不是对生产能力进行再投资。基于公司数据的研究[②]指出，非金融企业以利息、分红、股票回购形式存在的金融支出对企业新的资本投资有负面作用，当非金融企业通过投资金融产品获得利润的时候，同样会对资本投资产生负面效益，尤其是那些大企业。总而言之，过度金融化对真实生产性资产的投资产生了挤出效应。

（2）自由贸易政策

新自由主义经济政策大肆鼓吹自由贸易和国际金融资本自由流动。这个国际经济范式导致了美国经济的"三重失血"：进口导致国内消费流出；产业转移导致就业流出；离岸外包导致投资流出。"三重失血"的根源在于新的国际经济政策打破了旧有的贸易模式。自 20 世纪 80 年代以来，美国放弃了维持国际贸易平衡的原则，不断累积巨额的贸易赤字。这种模式表明，美国的贸易政策不再致力于开拓可供美国企业出口的全球市场，而是转向创造一个国际性的生产网络，美国跨国公司在世界各地寻找最佳的生产

---

① Stockhammer, Engelbert, 2004, Financialisation and the Slowdown of Accumulation, *Cambridge Journal of Economics*, 28: 719 - 41.

② Oyer, Paul, 2008, The Making of an Investment Banker: Stock Market Shocks, Career Choice, and Lifetime Income, *Journal of Finance*, 63: 2601 - 2627.

条件组合，由旗下的分公司利用当地的廉价投入要素生产产品，然后出口到美国。

美国主导的全球生产网络的形成包括三个关键步骤：第一步是1994年实施的《北美自由贸易协定》，第二步是亚洲金融危机之后美国实施的"强美元"政策，第三步是在2000年给予中国永久正常贸易关系（PNTR）。在经历了2001年的短暂衰退后，美国与中国的商品贸易爆发式增长，美国制造业就业出现"自由落体式"下滑，制造业投资也受到冲击。但美国企业的利润大幅上升，并且在2001～2007年经历了循环式增长。《北美自由贸易协定》和"强美元"政策对美国制造业经济的负面影响是显而易见的，然而PNTR却提高了美国企业的商业利益，其对美国制造业的负面影响需要较长的时间才能完全呈现；同时，这一政策的负面效应也被廉价进口商品、资产价格膨胀，以及20世纪90年代的互联网泡沫掩盖住了。

冰冻三尺非一日之寒。美国制造业的衰落是多重因素复杂互动的结果，理念、政策、行为、利益相互交织在一起，构成一个死结。复兴美国制造业无异于挑战日益畸形的美国国内经济结构以及美国参与国际经济的模式。上述分析表明，为达到复兴制造业的目的，美国首先要在国内的金融政策上，扭转金融去管制化的恶性局面，重构美国的金融监管体系；其次要实施有限度的自由贸易政策，构建维护美国利益的贸易控制体系。无论哪一种政策都不可避免地招致各种既得利益集团和国际贸易伙伴的反对和施压，这使得美国制造业的复兴计划困难重重。

2. 财政资源的掣肘

美国复兴制造业的政策需要政府长期投入巨额的资金才能逐渐看到效果。受2008年金融危机的影响，美国财政状况有恶化的趋势。因此，政府对复兴政策的支持能达到怎样一个水平，前景并不明朗。2009 年 6 月，美国宣布由金融危机造成的大衰退结束。然而，自衰退结束以来，美国 GDP 年均增长率只有 2.2%。这与金融危机发生之前的 20 年形成鲜明对比。那时候的经济扩张了 75%，真实年均增长率达到 3%[①]，就业率大约为 63%，到大衰退结束时，这一数字下降了 4 个百分点。在大经济环境不景气的情况下，美国政府的财政状况不容乐观。美国政府近年的债务规模大约是 18.3 万亿美元，这还不包括社会保障和医疗保健项目中拖欠的数万亿美元。美国政府总的债务比率已经超过了 GDP 的 100%。目前美国陷入内外债夹逼的境地，七成以上的联邦政府债务被国内公众持有，还有相当一部分债务被国外投资者吸收掉了，尤其是中国和日本的中央银行。

着眼未来，美国政府的债务仍将持续积累。2012 年 6 月，国会预算办公室（CBO）预测了 25 年后三大强制性财政支出的 GDP 占比趋势：社会保障支出将从 5.0% 上升至 6.2%；老年保健支出比 2012 年的 3.7% 高出 3 个百分点；而联邦政府在医疗补助上的支出将从 1.7% 变为 3.7%。换句话说，未来三大支出之和将占到美国 GDP 的 16.6%，比 2012 年高出将近 6.2 个百分点。与此同时，联邦政府的税收收入占 GDP 的比重却比以往要低。自 1950 年以来，除在 2000 年达到 20.4% 以外，其余年份都在 20% 以下。一个原因是，在衰退期间政府税收收入占比更低，主要是因为真实 GDP 的下降导致了税收收入大幅度下降。例如，尽管 2010 年名义上已经不属于衰退期，但实际上还是 GDP 低增长的年份，联邦政府税收收入只有 GDP 的 14.9%，这是 60 多年来的最低水平。另一个原因是联邦政府在衰退期间实施了减税政策。由于上述原因，

---

① U. S. Bureau of Economic Analysis, 2015, National Data: Government Reciepts. Washington, June 24.

可以肯定的是，未来美国联邦政府的税收收入不可能超过 GDP 的
22%。根据 CBO 在 2012 年的预测，25 年后政府的税收收入仅为
GDP 的 18.5%。这意味着美国政府面临着不断加码的债务违约风险。

与三大强制性支出项目相对的是自由支配支出，它分为国防
支出和非国防支出，后者包括用在教育、科技、交通、住房、农
业、对外援助、退伍军人福利等项目上的支出。制造业复兴计划
所需资金即来自自由支配支出。由于强制性支出不断增长，自由
支配支出受到挤压，近年所占比例不到预算的 1/3。以 2015 财年
为例，强制性支出高达 22970 亿美元，占了全部支出的 62%。自
由支配支出为 11620 亿美元，占 32%。债务利息支出占剩余的
6%，规模为 2180 亿美元（见图 2）。由于债务利息要严格按时支
付，实际上也是强制性的，未来与日俱增的联邦债务利息支出也
将挤压联邦政府可用于制造业复兴计划的财政资源，使政策的推
行捉襟见肘。

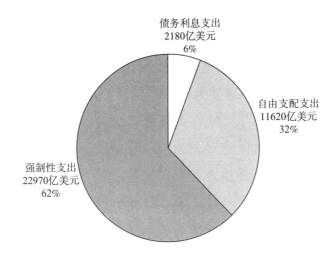

债务利息支出
2180亿美元
6%

自由支配支出
11620亿美元
32%

强制性支出
22970亿美元
62%

图 2　2015 财年美国联邦政府支出结构

数据来源：Fiscal Year 2015 Budget of the U. S. Government。

3. 分权体制的不利影响

美国涉及复兴制造业的政策体系非常庞杂，不仅有产业政策，还有科技、教育、基础设施、税收、法律等一系列相关的政策，这意味着制造业复兴战略涉及很多个政府部门，在美国的分权体制下，如何协调众多部门达成制造业复兴的目标是政策推行者面对的一大难题。然而，更大的挑战也许来自政府外部，即行政部门与立法部门在制造业复兴政策问题上的博弈。

与其他国家相比，美国经济政策制定过程的首要特点是总统和国会之间的相互制衡。在美国的行政体系中，总统能够设定政治议程，并通过投入其在总统任期内掌控的政治资源，将那些其认为非常重要的事务付诸实施。而对于国会，尤其是众议院里的成员来说，他们每隔一年就要面对选民，因此议员们的最重要的任务就是为代表选区的选民争取利益。在这样的制度环境下，制造业复兴政策的制定和实施就不可避免地受阻，或被削弱力度，因为总统主推的一些关键政策很可能与地方利益和集团利益相悖。例如，当美国政府要提高钢铁关税的时候，钢铁产品的使用者就会强烈反对，并通过代表团体利益的地方政客在国会施加影响。另外，先进制造业计划涉及对地方、行业、群体的大规模投资，各利益相关方为了争取尽可能多的好处，也会游说国会议员干预政策的制定。这会使得国家对先进制造业的持续推动难以为继，因为当各方的利益需求都加进计划之后，完成计划所需的资金就会猛增到失控的程度，计划最终要么流产，要么被拖入迁延时日的冗长讨论之中。

如果说总统制在4~8年内还能够或多或少地保证重大政策的连贯性和一致性的话，两党制则会彻底打碎这种保证。奥巴马最早提出他的创新战略是在2007年11月参观Google总部的时候，他呼吁要加大对清洁能源、数字技术、医学研究，以及基础科学的投入，同时还要进行教育改革、工作培训以及基础设施建设，他认为这些也应该归入创新支出。2009年当选总统后，他立即将他的创新政策纳入8000亿美元的经济刺激计划当中，利用公共财政推动先进制造业的发展。例如，经济刺激计划对太阳能制造业投入数十亿美元，自2009年以来这极大地提高了美国太阳能发电量，增幅是3000%。在电动汽车产业上，2009年至今超过40万辆电动汽车在美国销售。奥巴马在其任期内不断强调创新的重要性，不断呼吁美国要在教育、创新、竞争力上胜出。2015年10月21日，奥巴马提出了一个更加雄心勃勃的计划，未来要对新兴技术领域进行更多的投资，包括精细医疗、脑科学、人工智能和教育技术。然而，通过经济刺激计划资助的创新战略没能够维持下去。主导众议院的共和党人一致地拒绝了奥巴马扩大支出的请求。因此，联邦政府的研发支出出现停滞，现在的研发支出占GDP的份额只有20世纪80年代的一半。

技术创新是少数几个能够让民主、共和两党达成共识的政策议题，然而没人能保证它永远是共识。2017年共和党总统特朗普上台之后，并没有继续推行奥巴马的创新政策，相反，他提议的2018财年预算对创新支出进行了大幅削减。非国防研发支出的下降幅度达到史无前例的19%，这波及各个研究领域。美国国家卫生研究院（NIH）的研究经费下降21.5%，涉及衰老、癌症、传染病、精神健康和药物滥用方面的研究经费被大幅削减。NIH的研究项目面临自1970年以来最少的拨款额度。不仅如此，农业研究服务局、国家标准和技术研究所、国家航空航天局、国家海洋和大气管理局、环保局等部门的相关科研支出也面临着大幅缩减。特朗普的预算要求削减美国制造业项目70%的支出。该项目由奥巴马提出，主要为机器人、光电子、3D打印和轻型材料等新兴技术领域的前期研究筹集资金。特朗普还关闭制造业扩展伙伴关系项目，该项目每年耗资 1.2 亿美元，由专门的机构为美国 50 个州的中小制造企业提供技术支持。

综合上述分析，我们认为美国制造业复兴战略的制定和实施面临着诸多体制性障碍，前景并不明朗。这些障碍包括：（1）美国自 20 世纪 80 年代以来形成的经济增长模式存在较大的惯性，先进制造业发展所需的大环境难以满足；（2）美国目前及未来的财政状况不容乐观，制造业复兴政策很可能面临财政资金不足的掣肘；（3）美国分权政治体制影响制造业复兴政策的一致性和连贯性。

四　美国制造业复兴战略对中国的启示

从对美国制造业复兴战略的分析中，本文认为有几个启示值得重视。首先，由于中美贸易摩擦升级会带来许多负面影响，中国政府可以考虑与美国政府协商，扩大对美国高技术产品和服务的进口，以维护良好的双边贸易关系。其次，美国经济增长模式的不可持续性警示我们，必须依靠技术进步来实现经济的长期增长。再次，在经济发展过程中，必须处理好产业结构问题，避免产业结构的过度服务化和金融化。最后，鉴于美国分权体制在制造业复兴政策上的不利影响，中国政府应该利用好组织协调优势，提高产业转型升级政策的有效性。

1. 通过技术贸易妥善处理中美贸易摩擦

美国对中国出口的传统产品包括油料种子和谷物、垃圾和废弃物、半导体及其他电子元器件、航空航天产品及零部件。而美国从中国进口的典型产品包括计算机设备、各类制造业产品、通信设备、声像设备。从这些贸易品的种类来看，美国从中国进口的先进技术产品和制造业产品比美国出口到中国的要多。中国出口到世界的主要产品都是由在中国的外资企业生产的，在过去数年里，这些外资企业都将生产线搬到中国，以便利用当地的低成本劳动力和良好的制造业设施。为了增加对中国市场的出口量，平衡美中贸易赤字，美国需要改变策略。如果美国想扩大对中国的出口，它就要关注中国的市场需求。

中国每年需要进口价值数百亿美元的先进技术产品。这些先进技术产品包括高性能计算机、机械工具、具有加密功能的电信设备、CDMA 移动电话技术。由于政治原因，许多向中国出口高科技产品或与中国进行项目合作的行为被美国政府所禁止，例如犯罪监控设备的出口是被禁止的。又如，空间技术项目是加强中美贸易和技术合作的绝好机会，而且这种合作能够为美国企业带来巨大的利益。然而，就目前的情况来看，美中在这方面的合作不太可能实现。

尽管美国是世界上科技最发达的国家，但它在中国技术进口来源国中的份额只占较小的一部分。而日本和欧盟都稳步提高了它们在中国技术市场上的份额，将美国排挤出去。中国有巨额外汇储备，并且是美国企业出口产品的潜在市场。美国和中国都应该探索新的方法来维护良好的双边贸易关系。

2. 坚定推进创新驱动发展战略

美国在 20 世纪 80 年代的新自由主义经济政策偏离了原先依靠生产率提高实现经济增长的路径，结果经济增长建立在不牢固的基础之上，20 余年后深层次的问题集中爆发，重创了美国及世界经济。回顾历史，无论是美国的经验，还是其他发达国家的经验，技术创新都是经济实现长期增长的终极动力。中国自改革开放之日起就非常注重生产技术的提升，通过引进、模仿、自主研发等多种方式不断追赶世界技术前沿。

在"科学技术是第一生产力"的理念指引下，中国的生产技术水平有了极大的提升，同时也逐步建立了自己的技术创新体系。

国家持续地通过政策推进生产技术的更新和升级换代，从 20 世纪 80 年代的国家"863 计划"到如今的创新驱动发展战略，科技、政策一脉相承，与时俱进。正是有了技术进步的坚实基础，中国经济在 40 年间稳步增长，并经受住了历次大的世界经济周期的冲击，基本上没有出现过大的危机和衰退。因此，未来仍要坚定不移地推进以生产技术进步和创新为核心的发展战略。

现在，中国有许多制造业技术达到了世界先进水平，如高速铁路、光量子计算机、航空航天、卫星导航、可燃冰技术等，但必须承认中国的整体科技研发实力与美国、日本、德国等发达国家相比还有不小的差距，在发展质量上还有待提升。未来还要在形成鼓励原始创新的机制体制、构建国家/区域创新体系、提高技术转换和应用率等方面努力。

3. 构建合理的产业结构

美国经济的产业结构演化过程表明，对于一个大型的开放经济体而言，不可能通过高度服务化的产业结构保持国内经济的稳定性与可持续性。一个城市、一个地区、一个小国的产业结构可以是高度服务化的，但是一个大国的产业结构不能高度服务化。这是因为大国人口多，当大部分劳动力都集中在服务业部门的时候，不利于分散就业风险。此外，这是由服务业的特性决定的，服务业不容易产生贸易，且需求弹性较高，市场容易出现波动。

像中国这样的大国，必须保证产业结构的相对完整性，保持制造业的合理比重才能经受得起外部的冲击。尽管这个合理的度会随着内外部经济条件的变化而变化，具体是多少需要深入研究，但可以肯定的是，比重相对较大的制造业是国民经济的"压舱石"。2009 年，日本和德国的第二产业占 GDP 的比例分别为 21% 和 23%，远高于美国的 11.2%。相应地，在金融危机发生后，日本和德国的经济情况都相对美国好一些。而同期中国第二产业占比是 46.8%，受到的冲击更小。

当然，中国的制造业不能永远是低技术、劳动密集和资源密集型的，当原始积累完成之后就要不断地转型升级，朝高技术、知识密集型的方向进化。只有维持规模化的、高技术的制造业，国内经济才不会脱实向虚。美国的经验警示我们，一定要避免国内经济的过度金融化。过度金融化的后果是灾难性的，一旦发生，产业结构的逆向调整就会变得非常艰难。为保证国内经济的稳定，对金融业采取宏观审慎管理，防范系统性风险应该是一条长期原则。

4. 优化国家在产业发展中的组织协调优势

先进制造业中现代高新技术的研发活动具有跨学科、交叉、复杂的特点，这使政府部门之间，以及政府、学界、业界之间的协调与合作显得尤为重要，如果缺乏有效的组织和协调机制，各方的力量就难以形成合力，先进制造业的发展进程就会大大放缓。由于美国的分权政治体制，制造业复兴政策会面临不连贯、不协调、不一致的问题。立法、司法、行政三权分立，中央地方分权，两党轮流执政，选举政治等体制因素都增加了发展先进制造业的困难。

相对而言，中国在产业政策的推行上有自己独特的组织协调优势。中国共产党领导国家和政府，并采取民主集中制原则，党认定的重大发展战略能得到有力的贯彻和实施，不会落入民粹主义的低效率陷阱。正是有了相对稳定的政治体制保障，中国的科技政策 40 年来表现出较强的内在一致性和稳定性。然而，尽管一致性和连贯性很重要，但它并不等同于有效性。中国的产业和科技政策并非十全十美，其中仍然存在很多问题，如产业政策设计的简单化；过度依赖政府系统推行产业政策，其他参与主体的活力被抑制；地方缺乏自主性，机械地执行中央推行的政策等。实际上，过度分权和过度集中都不利于产业和技术的发展，关键是要弄清楚如何发挥好政府在产业和科技政策上的组织协调优势。产业和科技政策如何在集权与放权之间取得平衡，未来还需要更深入而专业的探讨。

科技创新与产业升级

数字时代下制造业及价值链的重构

〔德〕吕博艺

一 数字化制造与价值链

受"工业4.0"、数字生产、工业物联网等新兴概念的推动，制造业在未来将发生革命性变化。然而，它们能否引领一场全面的工业变革仍有待观察。由于制造业投资长期短缺，资本主义生产模式的重组正面临困境，工业国家的生产力长期停滞不前。就目前而言，主导全球的发展模式尚未诞生。

从价值链的角度来看，数字化制造可作为新一轮全球生产网络重组的关键驱动力。它通过提高供应链的效率和采用规模经济的方式使制造系统合理化，并在复杂商品生产的各个阶段加速资本流通。在这种背景下，基于网络的商品和服务的分销方式，即"平台经济"或"共享经济"，将扮演越来越重要的角色。

世界制造业现阶段处于一个多变的阶段，具有高度偶然性。数字化制造是否会像德国"工业4.0"战略设想的那样，由机械生产技术生产变革驱动？变革的主要动力是否来自工业生产与配送、物流及电子商务的互联？根据《新机器时代》（*New Machine Age*）的预测，制造业岗位削减将面临大范围失业。但是，也有研究认为，数字化对生产方式的影响主要取决于地区或国家整体数字技术的发展状况。

制造业的变革也会对工业生产体系、价值链和产业转移带来影响。一些研究预测，部分制造业将回归工业国家，理由是数字生产不仅能大幅度降低生产成本，也可使供应商更容易获得最终用户市场。此外，全球生产网络中的"中间人"，例如负责转口贸易的香港商行，可能会减少或被淘汰，因为电子商务可以让供应商与消费者建立直接联系。考虑到电子商务的重要性，电子商务平台有可能会增加对供应商的限制，导致全球供应链中低端供应商之间的竞争愈演愈烈。

因此，问题的关键在于，数字化制造能否或如何与全球和区域价值链结合起来，从而使得制造业在推动经济、社会和生态可持续发展方面保持创新？

二 "中国制造2025"下的自动化发展

"中国制造2025"是世界上最庞大的智能制造综合项目计划之一。该计划要求中国各级政府、科研机构和产业界共同努力，使中国在十大重点新兴产业领域处于世界领先地位，这是计划的核心内容。

但是，"中国制造2025"也有其缺陷。其一，缺乏纵向一体化统筹。它与政府部门的许多其他技术项目计划一样，是自上而下推动的。中央和地方产业政策之间缺乏协调，新兴产业集群的价值链发展不平衡。其二，缺乏与社会、劳动、城市和环境治理等领域的横向整合，例如，劳动和社会保障部、教育部、中华全国总工会等部门和社会团体没有参与方案的起草和实施。《劳动和社会保障法》等相关法律的变动引发的问题尚未得到解决。政府和科研机构尚未对"中国制造2025"的潜在劳动力市场效应进行评估。

关于自动化战略对就业效应的影响，在不同价值链层次的行业和公司之间存在巨大差异，这些差异反映了产业升级和创新的分段性，是中国特色社会主义市场经济的特点。为了更好地阐述这一特点，我们在进行了约100次的实地调研后，总结出如下研究结果。

第一，大型国有企业和合资企业往往已拥有高度自动化制造技术。例如，随着中国汽车工业的蓬勃发展，中国的大多数汽车工厂都采用了先进的生产技术，这些技术多数是从外部引进的。由于自动化已达到较高水平，故中国汽车供应商缺乏创新的动力，未能在生产和供应链中引入数字化制造技术或开发其他新技术。最近一项针对华南地区汽车供应商的研究表明，智能制造的工作场所变革大多是渐进式的。

第二，多数大型私营企业和跨国公司的制造水平较低，以劳动密集型生产为主，雇用了大量廉价劳动力。但是，这些公司对于推动制造业和供应链现代化的积极性很高，其中一些公司已建造了国家级智能制造试点工厂。随着电子商务的兴起，一些家电制造商不得不削减了其50%以上的劳动力。从劳动密集型制造业向自动化制造业转变会导致就业岗位减少。

第三，在劳动密集型的装配业（中国出口经济的支柱），制造业现代化的驱动力主要来自最低工资的提高、地区劳动力的短缺以及客户对质量要求的提高。许多中小型企业已经开始使用数字自动化设备或价格低廉的机器人，这些设备大多由中国设备制造商提供，并得到地方政府的大量补贴。自动化设备使用初期会使大量半熟练和不熟练工人失业，导致产生高裁员率。

三 平台化制造：一种新的制造模式

随着电子商务的兴起，新的制造模式开始萌芽。由中国互联网巨头推动的网络化生产模式有可能挑战基于供应链的传统制造模式。阿里巴巴提倡客户驱动制造理念，即根据客户需求进行个性化订单生产或大规模定制生产。

制造模式的变革已使中国政策界的关注焦点从发展数字工厂转移到发展关键基础设施与先进的数据网络和平台，即人工智能、云计算和物联网。中国政府于 2017 年发布的多份文件均表明了这一意向。

中国制造业的快速升级在全球掀起了开发制造业数据平台的热潮，这些平台称为"工业互联网"或"物联网"，是工业设备的操作系统，类似于安卓、iOS 或其他智能手机的应用程序。制造业数据平台的主要推动者有西门子（Siemens）、通用电气（General Electric）、罗伯特·博世公司（Robert Bosch GmbH）、微软（Microsoft）、思爱普（SAP）、亚马逊（Amazon）、阿里巴巴等。中国目前有 25 个制造业数据平台正在研发中，主要参与者包括阿里巴巴、腾讯、华为、三一重工、海尔、富士康等。

云计算和物联网平台具有创造新商业模式的潜力，也催生了一种可称为"平台资本主义"的新模式。"平台资本主义"指的是谷歌（Google）、脸书（Facebook）、阿里巴巴、腾讯等大型共享服务商与其他小型共享服务商共同建立的市场规则和盈利模式。电商平台为用户提供便宜或免费的数据共享服务，并通过广告招商（谷歌或百度）、电子商务（亚马逊或阿里巴巴）、数据处理能力共享（亚马逊网络服务系统）、汽车租赁（优步或滴滴）等其他商业活动盈利。"平台资本主义"可作为制造业的一种盈利模式，因此得到了大力发展。电商平台掌握着大量的用户数据，它们不从事产品制造，而是充当"中间商"的角色，其经济价值就在于它们能够根据用户的行为和偏好创造新的服务和业务模式。鉴于旗舰企业对行业标准的制定有重要的影响力，这些企业能够影响和控制技术和商业体系的发展，甚至已形成垄断局面，对中小型企业的生存构成了巨大的挑战。

与"共享经济"的其他领域一样，物联网平台依靠其低进入成本和访问便利的优势进行传播，更重要的是可以得到企业的高额赞助和大规模投机性资本。业内专家预计，最终将只有少数的物联网平台能够生存或占据主导地位。

如今，中国智能制造不再以完全取代劳动密集型制造业为目标，而是越来越注重从分销和供应链的角度，将劳动密集型制造业与高度先进的技术和数字网络架构相结合。这是中国制造业变革的主要特征，可为世界提供启示。

四　平台化制造与生产方式

阿里巴巴的电子商务系统代表了最先进的 C2B 模式，其三大贸易平台阿里巴巴、淘宝和天猫形成了一个庞大的生态系统，通过线上商店将制造商与消费者联系起来。与其竞争对手（亚马逊）不同的是，淘宝不向零售商购买商品，也没有自己的库存。它只是制造商和消费者之间交易服务的提供者（电子中间商），其拥有的支付系统支付宝是目前世界上最大的支付平台之一。此外，阿里巴巴还运营着一家全球领先的云计算及人工智能科技公司——阿里云。通过这种独一无二的商业模式，阿里巴巴创造了比世界上任何传统零售公司更高的利润。

阿里巴巴视自身为数字零售和分销的创造者和新制造模式的推动者，它将生产经营方式定位于对资本主义早期生产方式的传承，即福特主义、丰田主义或以零售和技术为驱动的网络化大规模制造模式（如"微软模式"或大型服装零售商的生产网络）等。可以说，以用户为中心的 C2B 模式是阿里巴巴的制胜法宝。

产品定制这一理念最初是由戴尔（Dell）提出的，不少 IT 公司率先通过互联网销售产品，为客户提供产品定制服务。而阿里巴巴的 C2B 模式不仅能提供更大自由度的定制服务，还可以实时比较和评估竞争对手的产品和价格。德国"工业 4.0"战略也包含了类似的理念。换言之，C2B 模式的应用是中国进入"工业 4.0"时代的重要标志。

阿里巴巴的生态系统中有大量的品牌和非品牌制造商，其中有许多中小型制造商依赖阿里巴巴或其他电子商务平台进行销售活动。近年来，淘宝村的数量剧增。目前，淘宝村大多分布在东部沿海省份，特别是浙江、广东、福建和山东等主要城市周边的农村。淘宝村拥有相当数量的中小型制造商，它们将自身大部分产品投入淘宝网的线上销售渠道，并从阿里巴巴那里获取基础设施、培训等各方面的补贴。一个村庄必须至少要拥有 50 家淘宝网店才能获得"淘宝村"的入围资格。

服装行业的现状最能说明电子商务引起的供应链变化。服装行业目前所面临的挑战是：平台上销售的服装产品类别有所增加，单个订单的数量有所减少；服装产品的生命周期变短，与服装流行周期脱节。同时，供应链的所有权和控制权也在发生变化。

随着线上商店在订单分配中的重要性不断提升，本地供应商的原材料供应、生产方式、成品储存、产品营销和支持服务（如产品包装或印刷）也开始变得更加专业化。总的来说，电商平台制造业在微观层面上虽然导致了供应链的碎片化，但促进了供应链的专业化，在一定程度上弥补了季节性订单的减少。生产方式分散化和非正规就业模式是多数中小型制造商选择从事电商活动的主要原因之一。

淘工厂进一步推动了电子商务的专业化。这是一个 B2B 平台，作为连接电商卖家和工厂的桥梁，一站式解决卖家供应链难题，其最大的特点在于生产上将更加符合电商的需求。截至 2017 年，约有 20000 家工厂入驻了该平台。淘工厂要求的订单最低数量为 30 件，上限为 10000 件。订单可以是完整产品，也可以是零部件。阿里巴巴作为交易平台和支付宝的所有者，可为交易提供客户评级和保险。咨询公司会定期发布报告，对工厂的产品质量、组织机构、生产能力、生产技术和就业情况进行评估。从经济效应来看，淘宝村和淘工厂具有生产分散化和专业化的优势，而传统低端制造业在电子商务平台的影响下也得到了改造。制造商对产品的投标加剧了制造商之间的价格竞争。与此同时，线上商店销售及其促销活动的盈利在总盈利中所占比例相对较高，约为 45%。

在制造业结构改革方面，淘宝平台创造了示范效应。某产品的成功促使越来越多的制造商转向生产同一产品，导致产品组合趋于同质化。根据中国媒体的报道，在福建省的一些乡镇，有 60% 的服装企业生产完全相同的产品，价格比市场平均水平低 40%。

在电子商务大行其道的背景下，有一些企业却不买账。在服装行业，一些拥有雄厚资本的大型企业通过在线订购的方式为客户提供高端服装产品定制服务，例如男装定制。定制生产模式不同于淘宝模式，因为制造商具有强大的生产能力和较高的自动化水平。客户可以通过线上订购平台在线提交款式、尺寸、体型等数据，然后平台将这些数据分发至制造商的各个工厂和车间。定制生产模式不仅有强大的集成生产力，还有巨大的升级潜力，因为制造商仍保持对价值链的控制。然而，使用线上订购平台的商家并不以淘宝或其他电子商务平台作为其主要的销售渠道。

五 创造可持续价值链

本文从社会技术的角度分析了中国智能制造的发展。在价值链自动化、数字化以及重构过程中，淘宝等分销驱动的电子商务平台以其强大的价值链重构能力脱颖而出。然而，形成这种模式的经济和社会状况仍存在很大问题，几乎无法对制造业现代化和工厂工作环境的改善带来任何积极的影响。例如，电商平台虽然会雇佣大量劳动力，如配送司机、仓库管理员或分包商等，但这种劳动关系是不稳定且低成本的。随着越来越多的廉价劳动力进入制造业，"零工经济"正逐渐成为制造业不可或缺的一部分。从这个意义上来说，发展平台化制造是实现数字化制造业整合的捷径。

是否可以将基于互联网的生产、供应链和物流与先进的管理方式、现代的工作组织方式和良好的就业条件相结合？这基本上取决于平台整合下的产业价值链结构。而基于互联网的产业价值链是否可使各行各业实现弹性专业化？弹性专业化是指品牌公司、产品供应商和零部件供应商通过产品研发、制造工艺提升和服务创新，实现专业化的升级。弹性专业化促进了不同但又相互关联的生产者之间的分工与合作，而非推动了对同类产品的模仿以及价格和成本的竞争。在基于平台的制造业以及"工业4.0"中，产品定制与零部件和材料的协同开发是弹性专业化的一个显著特征。中国平台化制造业的不断创新，有利于促进弹性专业化的实现，更重要的是无须通过电商平台进行供应链分级。

创造可持续价值链的另一个可行途径是设备共享平台。例如沈阳机床、三一重工、库卡（Kuka）等机械制造商共同建立了设备共享平台，主要为中小型企业提供工业设备共享服务，中小型企业以按次付费的方式租赁工业设备。平台方负责监控产能利用率和供应链整合状况，以及将未使用的产能分配给第三方客户。这类平台可以朝着弹性专业化的方向发展，以便使缺少足够专业知识的企业进入高端制造业。

德国等发达国家也采用了类似的模式。德国各行业使用的工业互联网平台大多服务于中小型企业，且不同于阿里巴巴、亚马逊等大型电商的 B2C 平台。在包括德国在内的大多数欧洲国家，电商平台之间的竞争日趋激烈，不存在垄断的局面，原因是大型电商受到了欧盟数据保护和竞争政策的限制。电商平台以专业化应用领域为核心，服务于特定的行业，允许产业链上的各种企业进行更密切的合作。因此，电商平台和平台用户之间的权力关系相对平等。

欧洲各国政府和工会一直倡议推动"工业4.0"的产业升级，鼓励发展新的工作组织模式，强调管理层与工人的交流、合作和协调。但它们并不提倡机器取代人类的生产方式，而是提倡人机合作的生产方式，即工人通过先进的制造设备制造高质量的产品。这种生产方式可以在有劳资合作传统的专业化中小型企业中推广。价值链上的弹性专业化就是欧盟产业升级战略中的重要组成部分。

数字化制造技术蕴含巨大的潜力，可改变以技术成熟的供应商为主导的价值链结构，改善生产网络内的合作，使产品更快地进入最终用户市场。中国需要重新设计生产的空间结构，以解决制造业在东部沿海和中西部省份过度集中的问题。制造业的分散化会形成创新型制造商和熟练劳动力相互竞争的局面。

由于中国平台化制造业的发展偏离了其预设的轨道，因此中国工业互联网的建设需要中国政府和相关社会组织的通力合作。然而，促进中国工业互联网的弹性专业化需要对现有产业政策进行重大调整。产业政策的组织模式应由"自上而下"转为"自下而上"，把技术升级与发展熟练劳动力和实现劳动力市场再平衡的战略相结合，国家和地方各级政府应制定相关政策，加强政策的纵向整合。

在国家层面上，政府应制定一系列新政策，规范物联网平台在制造业中的使用，对《电子商务法》和其他相关领域法律法规（如数据管理、消费者保护或反垄断领域法律法规）进行调整。这些调整必须确保物联网平台不被电商巨头主导，保持公平竞争的环境，推进电商市场的多元化，给中小型电商企业足够的生存空间。同时，还应加强政策的横向整合；把促进工业互联网的发展与弘扬工匠精神的政策相协调；修订《劳动和社会保障法》，保护制造业工人的权益和其在工作场所的隐私权，并扩大职业培训。中国的职业培训体系需要进行彻底的改革，将学校培训与车间职业教育相结合。

在地方层面上，产业政策应支持工匠精神企业（如德国和意大利等发达经济体的先进工业园区企业或美国的高科技地区企业）之间的弹性专业化。在欧洲，创新工业网络是以从事生产工业零部件和产品的中小型高科技企业为主体。这对建设高端制造业基础设施至关重要，而中国在这方面做得还远远不够。

建立上述的工业网络需要制定一项长期战略，政府需要做许多工作。第一，地方政府应掌握不同行业的价值链并了解与制造业相关的知识，以提高政策制定的科学性和有效性。第二，除了提供土地、基础设施和补贴以外，还应提供新的制造解决方案、倡导企业间知识共享和进行劳动力培训等。第三，应做长远打算，为地方产业战略实施留出更多空间，为基于市场的制造业和高技能劳动力提供稳定的生存条件。第四，珠江三角洲的工业城市可为愿意改善工作环境、提高生产技术和进行工人再培训的企业提供补贴，以此来推动产业综合升级。第五，对接受过职业培训的外地农民工给予本地户口，以支持技术产业劳动力的长期发展。

然而，需要注意的是，上述举措不但只能按照具体案例具体分析来实施，而且还必须将国际环境的变化（如中美地缘对抗或新冠肺炎疫情）考虑在内。推动制造业可持续创新不仅可激发

"第四次工业革命"的潜力，还能更好地应对当前贸易摩擦和供应链重组的挑战。

中国最近对平台自动化的高度重视，表明中国希望另辟蹊径解决制造业的问题，但需要从长计议。作为产业基础的核心体现，"平台资本主义"的经济和社会规制将是中国乃至全球先进制造业发展的关键要素。因此，需要系统地开展社会科学与工程科学的交叉研究，并将物联网作为未来制造业的基础设施。此外，政府应推动中欧专家密切合作，有效借鉴欧洲在教育和工作政策、数据管理等方面的经验，探讨中国在信息技术基础设施和电子商务领域的创新潜力。

中国战略性新兴产业政策的初步评估

谭　锐　郑永年

战略性新兴产业（以下简称"SEI"）自 2009 年受到国家重视以来，各级政府为 SEI 出台了大量政策，这成为推动 SEI 发展的首要力量。那么，这些工作的成效如何？是事半功倍，还是相反？为了能对建设成效有一个全面的了解，我们选取了要素投入、收入规模、全要素生产率、市场竞争力四类观察指标来评估成效。我们发现，尽管 SEI 取得了很大的进步，但也存在着很多问题，需要改进。

一　基于多指标的初步观察

1. 要素投入

知识和技术是 SEI 的核心投入要素，这两样东西可以具体物化为先进生产设备、生产技术专利、技术服务以及高学历人员。我们考察了 SEI 拥有的研发人员数。《中国高技术产业统计年鉴》数据显示，产业内的研发人员数占总就业人数的比例逐年增加，2010 ～ 2012 年增长较快，此后增长缓慢。在 SEI "十二五"规划启动的头一两年，政策刺激导致高技术产业就业增幅较大，2012 年后开始下降，表明产业需要时间消化突然增加的劳动投入。高技术产业虽然能够保持较为稳定的就业创造能力，但对研发人员的吸纳能力在下降。如果 SEI 不需要那么多研发人员，那么这些产业可能只是在从事中低端的生产活动。

2. 收入规模

统计监测的 27 个 SEI 重点行业规模以上企业的收入由 2010 年的 7.4 万亿元上升至 2015 年的 16.9 万亿元，年均增速达到 18%，其工业总体收入占比五年间提升了 3.4 个百分点。表面上看，虽然 SEI 收入增长势头良好，但这在很大程度上是 SEI 政策短期强化的结果。《中国高技术产业统计年鉴》数据显示，2008 年金融危机发生后，高技术营收增速下跌，经政策刺激后反弹，2010 年后逐步下降，到 2015 年回落至接近 10% 的水平，低于政策实施前 2008 年的 12.1%。SEI 的高增长在很大程度上是牺牲其他制造业换来的。2008～2011 年间制造业总体营收增速在高技术产业之上，2011 年之后则相反。显然，由于财政资源有限，政府难以顾全所有产业，那些得不到政策照顾的制造业营收增速大幅下滑，到 2015 年高技术产业与制造业总体的营收增长率的差距超过 8 个百分点。如果 SEI 的所得即是其他产业的所失，那么就违背了它作为新经济增长点的初衷。

3. 全要素生产率

SEI 的高增长可以通过向生产过程注入巨额的资源实现，但有可能得不偿失，因而必须同时考虑投入和产出的规模以评估 SEI 的生产是否有效率。全要素生产率（TFP）是常用的度量生产效率的指标，即同时考虑多种投入的投入产出比率。有研究表明，中国 SEI 的 TFP 在 2004 年达到顶峰之后逐步下降，这意味着在同样多的投入下，SEI 的产出价值却越来越少，即生产存在无效率性。启动了全国性的 SEI 规划之后也没有遏制其 TFP 的下滑趋势。其他研究利用 SEI 上市公司数据测算得到了类似的结论。这些研究指出，无论是从 SEI 整体还是细分行业来看，其 TFP 在 SEI 政策大规模推行之后都呈现下降趋势，这主要由技术进步率和纯技术效率的降低造成。SEI 总体呈现生产规模快速扩张、技术创新薄弱的低端化发展路径。

4. 市场竞争力

SEI 产品能否在国际市场上具有较强的竞争力是其发展水平高低的标志。21 世纪以来，中国大量出口高技术产品，2013 年的出口额更是超越欧、美、日等国家和地区位居世界第一，但是这些产品的国内附加值较低，中国的高技术产业所从事的生产活动很多仍然是低技术含量的，一些产品的核心技术仍然掌握在发达国家手中。以技术含量较高的电子集成电路为例，长期以来，中国对美国的进口量大于出口量。这并非特例，其他许多领域也面临着同样的困境。2014 年中国高技术产品贸易总体上是顺差，这主要得益于计算机与通信领域的顺差，而在其他诸多技术领域里，中国对相关产品的进口量远大于出口量，尤其是电子、航空航天、计算机集成制造领域的产品。这表明中国 SEI 产品的国际竞争力总体上与主要竞争对手还有很大的差距。

二 政策实施效果的问题分析

1. 政府间关系因素

在国家文件确定 SEI 七大产业之后，31 个省市区不管有没有条件都出台规划表示要发展七大产业。在上级任命下级的政治体制下，为了获得晋升机会，地方政府这么做无疑是"正确"的，然而这却给地方经济和 SEI 发展造成了相当大的阻碍。

首先，为了优先保证 SEI 的发展，政府不断引导财政、金融、土地等资源向 SEI 倾斜，在地方资源有限的情况下，这必然会对当地其他产业产生"挤出效应"。与那些技术成熟的制造业相比，SEI 对发展条件更为挑剔，高端人才、研发机构、融资体系、产业链、生产服务体系、创新氛围、大市场等不可或缺，而国内只有少数几个大的城市群具备这些要件，所以对许多地方政府而言，政策刺激对 SEI 发展起到的成效不大，而契合当地禀赋条件的产业又不被鼓励，其结果只能是资源无效率配置和地方特色产业发展潜力受到抑制。其次，由于省级的 SEI 发展规划都是参照国家的模板制定的，而市级的又参照了省级的，那么就不可避免地造成 SEI 产业的区域同构。一旦每个市都生产指导目录上的 SEI 产品，尤其是那些技术难度较低的产品时，就很容易形成区域间的恶性竞争，最终导致某些 SEI 产品在国内市场的过剩，光伏产品就是前车之鉴。

2. 政企间关系因素

（1）重数量轻质量

由于产出规模是一个较易统计和识别的绩效考核指标，所以得到政府的偏爱。对被考核者来说，做数量要比做质量容易得多，只要财政投入增加，国民经济核算账面上的产出就必然上升，而效率和效果则是不易被察觉和发现的。于是在政策执行中，政府用各种工具刺激 SEI 产量，搞大项目扩张产能、政府大采购、按产量进行补贴、建千万亿级的产业基地等成为普遍的做法。这些急功近利的做法无疑在把 SEI 企业引上数量扩张型的发展模式，对提高 SEI 产品的高端化裨益甚少。

（2）重制造轻研发

发展以研发和创新为特征的 SEI 可能已经超出了地方政府的财力和管理能力。研发活动需要高端人才，这种要素相对于普通劳动力是稀缺的，只有提供更高的工资收入才能吸引他们。地方政府为 SEI 引进人才的成本实际上是非常高昂的。地方政府在实施方案中也经常提及要借助高校和科研院所的研究力量为发展 SEI 服务，但由于大部分有研发能力的大学和科研机构直属于国家部委，地方政府的动员能力较弱；另外，大学及科研机构与企业的合作也并不顺畅。此外，加上研发活动具有周期长、投入大、风险高的特点，政府部门囿于有限的专业技术知识，无法对研发活动的前景做出准确判断，因此也会尽量减少对研发活动的支持力度。

（3）重存量轻增量

目前的 SEI 政策偏重于扶持大企业，而非培育中小企业。为了规避风险、尽快出绩效，政府只针对企业在建项目进行补贴，而且基本上倾向于资助大企业。从政府的角度看，与资助中小企业和长期项目相比，资助大企业和短期项目更易见成效，所以补贴在很多时候属于"锦上添花"而非"雪中送炭"。实际上，大企业也是由小企业成长起来的，如果不支持有潜力的中小企业，那么 SEI 将面临"后继无人"的困境。政府应该重视 SEI 中小企业的培育工作，在开源上下功夫。创业者凭借一个专利、一个产品就可以开一家公司，政府把环境搞好、把服务做好，完全可以鼓励一大批中小型高科技企业成长起来。

（4）封闭建设

封闭建设有几个含义。一是圈定产业，割裂产业间的协调。SEI"十二五"规划圈定了 7 个大类、23 个子类的产业作为重点培育和发展对象，要求地方从财税、金融、土地、行政服务、基础设施等方面给予优惠政策。随着产业工作重心的转移，那些没有列入目录的产业很可能就失去了政府的关注。SEI 不是一个封闭的体系，它的发展需要非 SEI 产业的支撑。如果圈定的产业有优惠政策，而非圈定的没有，就会导致产业间发展的不协调，阻碍 SEI 的进一步发展。二是圈定园区，画地为牢。在现实中，很多进入产业基地的企业并没有多少相关性，在产业链上无分工，在业务上也没有多少往来，它们只是因为优惠政策而被吸引到基地内。产业集聚变成企业的简单凑集，实际上并没有产生多大的规模经济，结果许多基地或园区经营效果不佳。三是圈定市场，割裂区域互动。每个城市都有自己培育 SEI 企业的任务，因而各自出台的政策必然要优先惠及本地企业。地方政府构筑的市场壁垒使竞争减弱，随之而来的是服务能力有限、产品种类不全、质量跟不上等问题。

三 多维度提高产业政策质量

1. 改变政策的组织模式

中央应把"自上而下"的政策组织模式变为"自下而上"的模式，实现两个激发，即激发地方的能动性，激发企业的积极性。中央推行 SEI 发展计划，应该是倡导式的而不是强制式的，即鼓励有条件的地方参加计划，允许条件不足的地方不参加计划；参加计划的地方可以自由选择它的优势产业，而非扶持所有计划包含的产业；参加计划的地方可以得到中央资助，但其发展质量要受到严格考核。

2. 更重视营造产业发展的"大气候"

国外通过改善制度大环境间接促进产业发展能力的做法值得学习。间接式政策没有明确的产业指向性，它追求的是一些基本的能力培育，如人才培养、研发创新、专利保护、企业成长等，这些能力对大部分产业都是有价值的。在战略视野上，由于 SEI 发展工作涉及众多职能部门，应跳出就 SEI 谈 SEI 的局限，把 SEI 发展作为起点和契机，倒逼诸多领域的机制体制改革。另外，政策本质上只是权宜之计，具有试验性和应对性。在实践中，应把那些被证明是有效的短期政策转化为长期制度，从根本上促进 SEI 的长足发展，而不是把 SEI 发展视为短暂的攻坚任务，运动式地做工作。

3. 慎重选择政策工具

在土地政策上，政府仍然沿用支持传统制造业的思路，优先保障 SEI 的土地需求，以近乎无偿的价格出让土地，大兴土木，建设面积巨大的产业园区。这种政策工具实际上在引导 SEI 企业走资源粗放型发展路径。所以在土地政策上应该大大降低优惠幅度，不鼓励 SEI 企业从事低端制造环节的生产活动，更要禁止 SEI 企业拿地后囤积炒作、开发房地产的行为。在财税政策上，有针对性的税费减免优于名目繁多的财政补贴。减少各类专项补贴，一方面可以减少"外行指挥内行"造成的企业生产行为扭曲；另一方面可以减少寻租行为，企业争取补贴有明确的公关对象，而普惠型的税费减免不需要企业公关。

珠三角产业转型升级的挑战与出路

——基于企业调研的分析

郑永年　谭　锐

2008 年国际金融危机的影响延续至今，世界经济周期的深度下行打破了短期内恢复增长的预期，同时也让人们意识到依靠虚拟经济过度膨胀拉动的经济增长不可持续，通过推动新一轮的技术革命实现增长动力转换是唯一出路。近年来，欧美发达国家纷纷提出"再工业计划"，目的是在巩固已有产业高附加值环节的控制权的基础上，再催生一批作为新经济增长点的新兴产业。未来，新技术和新产品的涌现会极大地改变消费结构，从而深刻地改变世界的生产和贸易格局。在此宏观背景下，作为"世界工厂"的珠三角地区也走到了产业发展的十字路口：是继续在全球价值链的低端环节挣取微薄利润，还是通过真正的转型向价值链高端攀升？前者显然毫无前途，因为国内的人口、土地、自然环境等经济条件已经发生质的变化，同时东南亚、南美等新兴市场国家生产要素的相对优势不断增强，这些因素都在压缩珠三角现有产业的生存及发展空间。如此一来，珠三角产业转型升级势在必行。

珠三角产业转型升级的口号已提出多年，也取得了不小的成就，然而转型升级的进展比较缓慢，诸多根本性的问题仍然没有得到解决。尤其近两年，大量工厂倒闭或转移，企业营收微薄。为了了解珠三角产业转型升级的困境所在，IPP 企业调研组于 2016 年 3 月、4 月、11 月分赴珠三角的制造业重镇东莞、顺德、广州进行实地调研，实地参观了 20 余家制造企业（涉及食品、成衣、家电、电子、塑料、机械等行业），并与企业家、官员以及商会进行座谈，深入了解了各类企业的生产经营状况、企业和政府对当前经济形势做出的反应以及对未来的预期。结合实地调研及其他公开信息，本文意在探究珠三角产业转型升级的症结所在以及未来的出路。

一　传统发展模式的困境

1. 劳动力短缺

企业生产经营产生的成本涉及多个方面，但在调研过程中，我们发现，私营企业和外资企业反映最为突出的是劳动力成本的快速上升。东莞华宝鞋厂负责人表示，当前该厂人工成本约占销售额的 28%，广东省的最低工资标准是 1510 元/月，华宝鞋厂的普通工人工资及福利实际上已达到 3600 元/月，相比于位于江西省的分厂要高出 1000 元。东莞其他行业，如食品、服装、家电、电子等行业的人工成本基本为 3000 ~ 4000 元/月，并且呈现持续上升的态势。这种变化发生在 2007 年之后，从那时起，东部沿海地区就出现了"民工荒"的现象。由于普通劳动力紧缺，工厂只能提高待遇留住工人。根据 2015 年香港工业总会的研究报告，2008 年以来，企业经营成本中以劳工成本上升最为明显，1/3 的被调查的厂商表示该项成本上升了 21% ~ 40%。[①] 究其原因，从宏观上而

---

① Federation of Hong Kong Industries, *Made in PRD 2015—Hong Kong Industries: The Way Forward*, https://fhki.s3.ap-east-1.amazonaws.com/assets/news/research-report-201511-en.pdf.

言，一方面是中国劳动力结构转型的结果。国家统计局数据显示，2012 年我国 15～59 岁的劳动力数量第一次出现了绝对下降，比上一年减少了 345 万人，而这一数据在 2013 年继续下降。另一方面，农村剩余劳动力的供给逐渐从以往的"无限供给"转变为"有限供给"，"刘易斯拐点"已经到来。"民工荒"的出现使增长长期停滞的实际工资也开始快速增长，支撑中国经济高速增长的人口红利逐渐消失。从微观上看，珠三角地区生活成本日益高企，尤其是住房价格的飙升，使廉价劳动力难以在城市定居。远距离迁徙造成家庭分离的心理成本也促使农村移民就近寻找工作，随着家乡就业机会的增加，来粤就业的工人减少。[①]

2. 工业用地紧张

调研了解到，地价的影响不能一概而论，对于那些通过租赁获得用地的企业，逐年攀升的地价是一个大问题。例如，东莞依尚服饰公司负责人表示，土地价格越来越贵，如果不是之前签了土地租赁协议，按照现在的地价根本不敢签协议。而那些在建厂时就已经购置了土地使用权的企业，受地价上涨的影响不是很强烈，顺德的美的集团、东莞的金河田电子公司和友华电子公司就属于这类企业。尽管如此，当这些企业要扩大经营规模的时候，仍然需要在外地寻求便宜的土地建厂。地方政府提供的资料[②]显示，土地成本约占企业生产经营总成本的 4%。2014 年珠三角平均工业用地价格是 1060 元/平方米，比上一年同期提高 17%，而长三角和环渤海地区的工业用地价格平均不超过 1000 元/平方米，同比增长率低于 5%。以深圳为例，由于工业用地供给严重不足，即使在外围区域的龙岗区和宝安区，工业用地出让底价已分别升至

---

① 香港中华厂商联合会：《珠三角经营环境问卷调查分析报告》，2014 年。
② 广东省工业和信息化厅：《2015 年全省经济和信息化发展情况及 2016 年主要工作计划》，http://gdii. gd. gov. cn/jxgk/content/post_ 932394. html。

4250 元/平方米和 3727 元/平方米。高昂的地价正在挤压珠三角城市里制造业企业的发展空间。最引人注目的例子就是作为高新科技企业的中兴和华为公司计划将生产线转移至东莞、惠州、河源等周边地区。

3. 税费负担重

中国目前税制体系中存在诸多重复征税的现象，如企业所得税和个人所得税的重复征收，即企业投资者从企业获得股息、红利等权益性投资收益既要缴纳企业所得税，又要缴纳个人所得税。许多被调研企业表示税收负担过重影响了转型升级的效果。例如，广州的一家医药企业反映，2015 年销售收入同比增长 2.29%，而当年缴纳税金同比增长 7.22%。企业反映强烈的还有各种各样的行政收费。广州的一个企业反映，进出口环节共涉及 11 个大类的经营服务性收费，如单证录入和打印费、数据传输处理费、自愿性商业委托检验鉴定费、出入境检疫处理费等。此外，港口收费还有 2 项市场定价的国际班轮公司收费和 3 项政府定价的收费。① 税费政策的不合理设计也抑制了高技术企业的生产积极性。例如，广州某科技公司主要从事高性能改性塑料的研发、生产和销售，是一家高科技上市公司。其负责人反映，因为目前的出口退税政策暂未把改性塑料行业和一般的塑料原料及制品行业进行区分，使得本应鼓励的出口退税产品无法适用高退税率，反而增加了企业负担。在一些情况下，水泥的出口退税比高新技术产品还高。该科技公司透露，其聘请的外籍高级研发人员的薪酬都是在香港支付，因为大陆的个人所得税太高，支付一个外籍人员的工资要顶上好几个高管的收入。

---

① 王朝才、马洪范等：《关于广东、浙江、江苏三省降低企业成本的深度调研与对策建议》，《财政科学》2016 年第 8 期。

二　企业的应对措施

面对国际市场的萎缩和国内市场竞争的加剧，大部分企业的第一反应是进一步压缩成本，以保证产品的低价优势，这也是较为容易做到的办法。企业应对劳动力短缺及人工成本上涨的办法包括优化生产流程、用机器替换人力，以及转移生产线。东莞华宝鞋厂通过拆解产品的各个部件，重新设计人工操作流程，精简了一些不必要的步骤，从而达到节省用工量的目的。但是这种方法的效果比较有限，更多的工厂加大了对机器设备的投资。例如，东莞永益食品公司实施机器换人计划之后，一线生产工人从300人降至200人，现在繁重的搬运工作都使用了机器手或者吊臂。东莞友华电子汽配公司负责人认为，标准化产品才适合大规模生产。要实现机器换人，必须先标准化，再自动化。友华东莞工厂以前一条生产线有13个人，现在通过技术改造已经下降到9人，未来希望1人控制一条生产线。目前已有四五条生产线已经实现这个目标。作为日资企业，友华公司也在全球范围内寻找更为便宜的劳动力。2012年友华越南工厂建成，越南工人的工资水平很低，普通工人的月薪相当于800元，而东莞工人的工资和福利总和要达到每月4000多元。转移生产线的办法在降低用工成本的同时也解决了工业用地不足的问题。东莞富滤盛滤清器公司目前有三家工厂，东莞有两家，一家是总部，一家是仓库，而生产工厂位于江苏省宿迁市沭阳县。沭阳是人口大县，劳动力充足，交通便利。沭阳厂房面积为32000平方米，于2015年四五月份建成投产。当地政府在土地供应上给予了相当优惠的政策，地价比较便宜，大约每亩3万元。不仅是工厂，企业筹建的滤清器博物馆和商学院，政府都能提供土地方面的支持，而且房产证和土地证都可以用于抵押贷款。

单纯依靠压缩要素成本，只能解决企业的生存问题，要实现企业的发展最终要诉诸向价值链两端的延伸。但转型不是没有条件的，调研发现，相对于中小企业，大企业更容易实施转型战略。以家用电器制造业为例，顺德千亿级销售收入企业美的集团在经历 2010 年之前的快速发展之后逐步进入平稳期，为谋求新的发展，美的实施了多项转型战略，包括产品研发、生产效率提升，以及全球化经营。美的每年投入研发活动中的费用占到销售收入的 3%，为适应城市居民的消费升级不断推陈出新，产品朝智能化和高端化方向发展。2011 年提出逐步由 OEM 生产模式向 OBM 模式转型，目前在电磁炉、电饭煲、电压力锅、空调、热水器等产品上都有自主核心技术，未来企业还计划将家电的智能化作为研发重点。为提高生产效率，美的创建了包括出口、物流、电子商务、金融和采购在内的 5 大业务平台，将各个产品的生产销售活动集中在一个系统内处理，以实现规模经济。生产流程的信息化和自动化改造也大大提升了企业的运营效率。美的已在东南亚和南美等地区的新兴市场国家设立了生产基地，满足当地以及周边国家对家用电器的需求，同时它还收购了日本的东芝电器公司，利用其销售网络拓展市场。这些战略使美的在低迷的市场环境中站稳了脚跟，美的 2015 年的毛利率达 28%，净利润达 138 亿元，并且有逐步提升的趋势。

三 转型升级的挑战

在当前国际及国内的经济形势下，成本上升与收益下降的双重影响使制造企业的利润受到冲击，进而波及税收、投资、就业、收入等宏观基本面。如何找到新的增长动力以摆脱困境，成为珠三角企业和政府关注的焦点。在总体思路上，产业要由要素密集型向技术创新型转变已成为共识，但在具体实施上，企业与政府都面临着诸多难题和阻碍。

1. 不确定性风险

在历次重大技术革命中，中国都处于后发地位，尽管不是处在技术前沿，但通过借鉴发达国家的产业发展路径，中国的制造业可以在短时间内缩小与世界的差距。正是凭借这种后发优势，珠三角地区从加工贸易起步，通过引入、吸收、改进国外先进技术和产业，逐步形成了电子通信设备、电气机械、汽车等高端制造业的产业集群。但是在本轮技术革命方兴未艾之时，珠三角产业的角色可能将由传统的技术跟随者转变为前沿开拓者。制造强国的纲领性计划"中国制造2025"所瞄准的十大重点领域包括新一代信息技术产业、高档数控机床和机器人、航空航天装备、海洋工程装备及高技术船舶、先进轨道交通装备、节能与新能源汽车、电力装备、农业装备、新材料、生物医药及高性能医疗器械，这些领域中的许多技术研发在发达国家也远未成熟。这意味着珠三角制造业以创新驱动为核心的转型升级过程将充满不确定性。由于不确定性的存在，企业转型升级失败的代价非常高昂，以至于企业更愿意维持现状。我们了解到，广州市的一些大型国有企业虽然现金流充足，有大量可用于投资的资金，但是由于高新技术产业的市场潜力还没有显露出来，它们不敢轻易涉足其中，大多持观望态度。在这种情形下，以往政策实践中由政府主导技术发展方向，划定重点领域和企业给予扶持的做法面临失效的危险，新能源领域中的光伏制造业就是一个被普遍引用的反面例子。又如生物医药领域，新技术和新产品的研发具有极高的失败率，国外资本对该行业的投资极为慎重，但在我国，由于被指定为高新技术产业，各级政府盲目追捧而忽略了其高风险特性。因此，在新一轮的转型升级过程中，如何规避风险、保证大部分转型企业实现长期盈利？政府应如何作为？产业政策应如何设计？这些都是需要重新审视和慎重考虑的问题。

2. 产业资本的争夺

企业的转型升级过程不仅周期长，而且投入大，没有充裕的资金支持无法完成。这意味着制造企业利润在一段时期内增长缓慢甚至下降，如果制造业与其他行业的利润差距持续扩大，那么产业资本就有大规模流出的危险。1993～1997 年我国制造业的利润率在所有行业中是最高的[①]，进入 21 世纪，制造业总体的利润率维持在 3%～7%。[②] 相比之下，1998 年后房地产业与金融业的利润率开始迅速上升。尤其是房地产业，近 10 年来房价的飙升使其成为地方的支柱产业，引导着资本"脱实入虚"。如图 1 所示，2004 年广东省制造业规模以上企业平均利润[③]略高于房地产业，而在房地产企业平均利润逐渐上升且超过制造业企业平均利润，尤其是 2008 年国际金融危机之后，两者的利润差距越拉越大。就金融业而言，相关研究显示，2007～2013 年，我国金融业整体净利润年均达到 46.6 亿元，是同期制造业的 2.5 倍。[④] 行业利差扩大的结果是金融和房地产等暴利行业不断稀释制造业的资本。许多制造企业在盈利艰难的情况下，纷纷涉足房地产和金融领域，很多大型企业都开设了自己的房地产子公司，如中国电力建设集团、中化集团、鲁能集团、中航工业集团等。房地产业务成为企业利润的重要组成部分甚至是主要部分。更具讽刺意味的是，有些企业主营业务利润下滑的时候，通过出售所属房产来平衡资产负债表。

[①] 李晓华：《中国工业的发展差距与转型升级路径》，《经济研究参考》2013 年第 51 期。
[②] 阳立高、刘念念等：《劳动力成本与利润差异对制造业升级的影响研究》，《财经理论与实践》2016 年第 2 期。
[③] 企业平均利润＝行业利润总额÷企业数。
[④] 孙国茂、陈国文：《金融业利润增长对制造业的影响》，《中国工业经济》2014 年第 4 期。

据报道，一家高新技术公司以 5.03 亿元的成交价售出一处上海房产。扣除该房产账面成本、交易费用以及税金后，实现收益高达 1.86 亿元。[①] 而 2016 年上半年该公司净利润仅为 7073 万元，还不及卖房收益的一半。显然，在实体经济艰难求生、行业利差拉大的情形下，企业很难专注于转型升级。

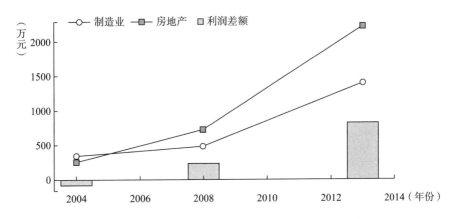

图 1　广东省制造业与房地产业企业平均利润差距

数据来源：《广东省经济普查年鉴》。

3. 转型活力被抑制

制造业转型的关键在于培育和壮大战略性新兴产业，其路径可分为两种：一种是在原有产业基础上，通过研发活动不断创新既有的生产技术手段，进而衍生出符合先进理念的新产业。另一种是在国内缺少或没有相关产业基础的情况下，通过技术的消化、吸收和突破形成一个全新的产业。[②] 不同的路径对应于不同的组织方式，一般而言，已经成长起来的大型制造企业已在相关领域投入了巨额固定成本，进入一个与原有领域联系不密切的行业不仅成本大，而且风险高。这类传统转型企业更倾向于通过技术融合

---

① 劳佳迪：《"楼疯"众生相》，《中国经济周刊》2016 年第 39 期。

② 肖兴志、姜晓婧：《战略性新兴产业政府创新基金投向：传统转型企业还是新生企业》，《中国工业经济》2013 年第 1 期。

进入战略性新兴产业领域，如高端装备制造业、新能源汽车产业等都是在传统产业的基础之上通过技术改造和融合形成的。沿着原有产业路径发展新兴产业能够依靠以往积累起来的专业化优势降低转型风险。有鉴于此，短期内应当采取循序渐进的办法对传统产业进行升级改造，实现"存量转型"。相反，第二种路径更适合新生企业（也是中小企业）。诸如通信设备、新材料、生物医药、机器人等行业以重大技术突破为特征，通常会颠覆既有的技术路线，加速旧技术和旧产业的衰落，为新产业开辟发展空间。由于在这些领域一两个激进式的科技发明就可以大获成功，中小企业的低成本、高灵活度的特性使其比大企业更具优势。从长期来看，引导经济资源流入高成长型的中小科技企业是实现"增量转型"的关键。

然而，现实中的产业政策对转型主体的选择使上述两种转型路径变得不畅。就存量转型而言，过多的资源被分配给了国有企业，从而使私营企业的发展空间变小。尽管国家在 2005、2010 及 2011 年出台了一系列政策鼓励私营企业发展，但政策落实不够彻底，阻碍民营企业进入市场的各种限制广泛存在。国有企业在市场势力、财税和土地政策优惠、项目获取，以及资金融通等方面受到制度偏袒，因此成为地方政府招商引资和银行贷款竞逐的对象。在中央政府应对始于 2008 年国际金融危机的 4 万亿元经济刺激计划中，投资和银行信贷基本上都配置给了国企，而惠及私营企业的份额非常有限。更为糟糕的是，部分大型国有企业在获得巨额资金后实际上并没有把重点放在转型升级战略的实施上，而是进入金融和房地产市场追逐更高的利润。例如，2016 年上半年，鲁能、中国电力建设、葛洲坝集团等央企花费 237 亿元在南京、苏州、天津、武汉、郑州等地购置土地，进一步推高了城市地价。一些国有企业还进行产业链的纵向整合，如国家电网收购上游电气设备制造龙头企业,中粮集团打造全产业链,产品的企业内部采购明显强化,私营企业的市场受到挤压。与此同时,国有企业在垄断势力进一步增强后,转型升级的动力就更低了,因为仅仅依靠垄断就可以挣取高额利润。

就增量转型而言,本应作为主体的中小企业受到大企业的排挤,这主要表现为三个方面。第一,由于大企业和大项目对地方GDP、税收及就业增长的拉动作用在短期内更为明显,政府在实施新兴产业发展战略时,更热衷于对大企业的招商引资,并开出土地、资源、税收等各种优惠条件,而中小企业则受到冷落。第二,在产业价值链中,大企业所处环节的市场集中度高而小企业所处环节的市场集中度低,大企业比小企业有更强的市场势力,当劳动力、原材料、土地等要素成本上涨时,大企业能够把成本转嫁给中小企业,导致中小企业利润微薄,难以完成转型所需的资金积累。第三,2010年以来,央行为了治理通货膨胀已经连续12次提高存款准备金率,存款准备金率创历史新高。在货币紧缩的环境下,银行倾向于将信贷额度授予违约风险低、贷款回收更有保证的大企业,中小企业很难从银行获得贷款。《2011年中国工业经济运行春季报告》显示,中小企业获取银行贷款的综合成本增幅超过13%,远远高于一年期的贷款基准利率。不少中小企业因资金链断裂而停产或倒闭。

4. 制度环境的局限

首先是行政绩效考核体制。地方政府在产业转型升级战略的执行上有很大的自主权,为在短期内做出政绩,它们倾向于选择那些见效快的做法,而非遵循产业转型的规律。以光伏电池制造业为例,其价值链包括硅材料提炼、硅片生产、电池片生产及零部件组装四个主要环节。硅材料提炼是价值最高的一环,但它具有技术门槛高、投资规模大、开发周期长和能耗高的特点,核心技术基本上被美、日、德等国的 7 家大企业垄断，中国企业由于研发能力弱，大多分布在电池片生产和零部件组装等低端环节。这主要是因为支持光伏产业发展的政府补贴大多流向了技术水平相对落后、研发周期相对较短、进入门槛相对较低的环节，其代价是各地重复建设雷同企业，从而导致产能过剩，并对环境造成了严重污染。

其次是专项资源的分配机制。由于新兴产业的专业性强、体系复杂、涉及面广，政府在这方面处于信息弱势，同时很难对数量众多的目标企业进行有效的鉴别、监督和评价，所以由政府充当资源分配主体时很容易催生新兴产业领域里的"骗补"和政策寻租行为，结果是大量资源被无谓地耗散。近几年发生的新能源汽车"骗补"丑闻即是一例。自 2009 年起，中央财政对新能源汽车推广应用予以补助，截至 2015 年底中央财政累计安排补助资金 334.35 亿元。一些企业通过重复利用电池循环申请财政补贴，或通过编造材料虚构新能源汽车生产销售业务等方式骗取财政补贴。[1] 据媒体报道，涉嫌"骗补"的企业多达 72 家，"骗补"金额高达 93 亿元。[2]

最后是知识产权保护制度。当创新驱动被设定为发展动力时，知识产权保护就变得极为重要，如果不从法律上保护研发主体对发明专利收益的排他性索取权，产业技术创新的速度和质量就会大幅下降。长期以来，中国政府对知识产权保护的关注力度不够，抄袭、简单模仿、盗用专利技术和发明创造的行为仍然十分普遍。当一个企业成功孵化某项技术成果并使之产业化后，很快就会被其他企业以较低的成本大量复制。实验室技术的商业化需要大量

---

[1] 参见 http://auto.sohu.com/20160912/n468229056.shtml。

[2] 参见 http://auto.sohu.com/20160913/n468352167.shtml。

前期投资，同时具有很高的失败率，由于知识产权保护不力，企业创新活动无法获得相应的利润，有时甚至连成本都无法收回，这极大地挫伤了企业依靠研发实现转型升级的积极性，更多的情况下，大部分企业更愿意"等靠要"。

四　转型之道

1. 降低企业转型风险

由于珠三角制造业在技术上逐渐逼近世界前沿，技术探索将比技术模仿在未来的研发活动中占据更主要的地位，为降低技术探索中高失败率造成的损失，鼓励企业进行以创新驱动为核心的转型升级，可以从以下几个方面采取措施：第一，并购国外先进企业。当前世界经济形势低迷，欧美一些有潜力的高技术企业的市场发展受阻，企业市场价值被低估。珠三角有实力的大企业可以利用这个时机并购这些企业，利用其技术专利、全球销售网络，以及生产组织管理理念加速转型升级。第二，完善分散研发风险的机制。股票市场、风险投资基金、私募基金都已经建立起风险分散机制，然而金融市场的诸多问题制约了这些机制作用的发挥，如监管缺陷、投机盛行、不当管制等。监管层应从多方面整顿金融市场上的各种乱象，为企业的科技融资创造良好的制度环境。第三，增强政府的信息服务功能。政府作为产业发展的宏观管理者，对获取各行业、全国乃至世界范围内的市场供求状况、产能利用率以及投资规模等总量信息更有优势。政府应研究如何将大数据技术应用于产业管理，建立行业信息发布服务制度，定期、及时、详尽地收集和发布这些宏观信息供企业参考，从而降低不确定性。

2. 调节行业相对收益

地方政府对房地产市场泡沫的放纵甚至助推，以及金融行业的垄断特性，使得二者及其关联行业的利润远高于制造业，巨大的利差正在诱导社会资本离开制造业。资本的抽离使制造企业维持现有利润都有困难，转型升级更无从谈起。基于这些问题，可以从以下几个方面采取措施：第一，对于房地产价格快速上涨的问题，关键是要切断地方政府与房地产业不正当的利益关联，因为它阻碍了地方政府对房地产市场实施真正意义上的监管和治理。这种利益关联的制度症结在于土地财政体制，因而妥善处理这个问题首先要降低地方的财政支出负担，中央可以抛弃统一要求地方上马大项目、大工程的做法，放宽地方经济发展自主权，缩减不必要的巨额支出，降低地方政府债务规模。第二，要在税收上让利地方，现在中央分成比例过高，同时转移支付又缺乏效率，不如提高地方分成比例，为地方自主发展留足资金。第三，要转变官员晋升考核唯 GDP 论的倾向，避免官员为达到晋升目的利用土地资源刺激经济短期增长的投机行为。第四，要严格管理土地资源，土地出让收入也应作为预算内收入由中央监管。而对于金融系统，在不妨碍经济安全的前提下，应采取多种措施尽快终结银行、证券、债券、保险等行业中国有企业的垄断地位，如放开行业准入限制、加快利率市场化、硬化国企财务预算等。通过这些手段降低金融业的垄断利润，引导资本回归实体经济。

3. 完善多层次融资体系

民营企业和中小企业面临着激烈的市场竞争，完全依靠自身能力在市场中站稳脚跟，为了不被市场淘汰，它们的转型升级意愿更为强烈，然而金融资本的制度性错配使其难有作为。未来应该完善多层次的融资体系，提高转型企业的资金可获得性，相关措施包括：第一，构建针对中小高科技企业的信用担保体系。在这方面可以借鉴美、日、德等国解决中小企业融资难的经验。体系建设初期应以政府担保为主，然后逐渐过渡到市场自主发展。政府应通过建立补偿机制，将中小企业的信用、担保、贷款及政府各项扶持政策结合起来，使担保介入成为政府配置转型升级资源的有效方式。第二，发挥资本市场应有的作用。证券交易所、全国性股权转让市场、区域性及券商柜台场外市场三大资本市场已在我国形成，成为处于不同发展阶段的高新技术企业的融资平台。降低证券市场创业板块的上市门槛，大力发展"新三板"、地方产权交易中心等场外交易体系，为各类企业拓宽转型升级的融资渠道，而非仅仅局限于银行信贷。第三，健全风险投资体系。风险投资是成长期高新技术企业最常用的融资方式之一，风险投资公司为促进技术成果商品化对目标企业进行长期股权投资，并通过投资对象的资本增值来实现投资回报。建立和完善风险投资机制对扶持潜力大的中小型高科技企业尤为重要，因此应完善风险投资机制促进增量转型。

4. 改善制度大环境

产业转型除了需要企业努力之外，政府的正确作为也很关键，毕竟中国各级政府掌握了太多的经济资源，其影响力极为巨大。产业转型一方面需要政府提供制度性支持，另一方面又要防止政府因过多地干预而扭曲转型的方向。这并不容易做到，因为就目前的状况而言，在经济活动领域，政府既是"运动员"又是"裁判员"的双重身份并没有彻底改变。今后在产业转型升级过程中，政府应该将自己的作为定位于营造良好的制度大环境，如建立起严格的知识产权保护和技术转让制度，改革税费制度为企业降低转型成本，打破金融业垄断结构从而推进公平信贷，加强资本市场监管引导资金支持转型等。对于细节问题，诸如筛选重点支持对象、设定具体的技术发展路线、评估一个行业的发展前景，政府不应过度卷入，这些工作既不是政府应该做的，也不是政府的优势领域，应交由市场中的企业和消费者来决定。

5. 引入高质量外资

改革开放以来，珠三角的成功在于吸引了大量海外资本。尽管今天国家提倡"自主创新"，但这并不意味着外资不重要了。实际上，在欧美政治发生巨大变化的情况下，未来的国际竞争仍然是对资本（包含技术）的竞争。美国的"再工业化"必然加剧对优质资本的竞争。珠三角在这方面具有丰富的经验，国家要继续鼓励这个区域在吸引外资方面扮演领头羊的角色。珠三角要在总结以往的教训的基础上，有选择地引入可以促成区域产业整体升级的产业。新加坡在这方面有很好的经验。例如在引入了两个综合娱乐城之后，新加坡不仅提升了整体服务业的水平，而且也通过改善城市的服务环境为制造业提供了一个更好的环境。很显然，要吸引优质外国资本，首先要为企业家提供优质城市环境。在这方面，珠三角具有巨大的进步空间。例如，东莞在很长时间里是广东制造业的中心，但一直没有能够改善城市环境，既不能够吸引优质外资，也不能够留住优秀企业家。在提升制造业的同时，也必须考虑服务业的升级。东莞政府正在考虑建设的以美国时代华纳为核心的南方影视主题公园就是类似的产业。主题公园本身是文化产业，可以改善东莞的产业结构，更可以促成社会环境的改善。更重要的是，引入类似的文化产业可以促成国家开放政策进入一个新的阶段，对外资来说是不小的"软力量"。

数字经济与人工智能

中国平台型就业的风险及其防范

王　琦

近年来，依托于互联网平台①的"平台工作""零工工作""众包工作"迅速发展。根据国家信息中心分享经济研究中心发布的《中国共享经济发展年度报告（2020）》，2019 年，在互联网平台上提供服务的从业者约为 7800 万人，同比增长 4%。平台型就业已经成为城镇新增就业的重要来源。与此同时，平台型就业的问题接连暴露，引发了社会各界的关注。2020 年 9 月 8 日，微信公众号"人物"发布了一篇题为《外卖骑手，困在系统里》的报道，短短 1 天之内，该报道的阅读量就达到了 300 多万次。

关于平台型就业，学界一直存在着该强调"灵活""效率"，还是该重视"安全""公平"的争论。前者认为平台型就业满足了当代劳动者"工作与生活平衡"的需求，提供了丰富的工作机会；后者强调平台型就业是一种升级了的劳动控制方式，认为它加剧了劳资力量失衡的问题，是高风险、不可持续的用工方式。

---

① 摩根大通研究院（JPMorgan Chase Institute）于 2016 年 2 月发布的报告《薪水、发薪日和在线平台经济》（*Paychecks, Paydays, and the Online Platform Economy*）把共享经济下的在线平台分成了两类：一类是以优步为代表的"劳动型平台"（labor platforms），而另一类是以 Airbnb 为代表的"资本型平台"（capital platforms）。在劳动型平台上，劳动者通过提供劳务而获得报酬和收入。在资本型平台上，人们通过出租现有资产而获得收益。本文认同这种分类，并且本文所讨论的平台特指"劳动型平台"。

平台型就业的具体表现形态是在具体的社会背景、制度框架内形成的。本文认为，在现阶段，中国平台经济具有"产业化"特征，与之相对应的平台型就业呈现"全职化"特点。它虽然具有促进行业升级、创造就业机会的功能，但是同时可能会利用既有制度安排的缺陷，扩大其负面效应，出现扰乱市场秩序、加剧劳资力量失衡、阻碍长期人力资本提升的问题。对此，本文提出营造公平竞争的市场环境，通过明确互联网用工关系性质和提升政府公共服务能力来平衡市场主体之间的谈判力量，通过劳动升级支持产业升级。

一 中国平台经济及平台型就业的特征

1. 中国平台经济具有明显的"产业化"[①] 特征

与西方国家的"共享经济"和"零工经济"不同，中国平台经济具有明显的"产业化"特征。平台型企业所促成的不单纯是服务供需双方的线上交易，还带来了产业内部结构的变化，形成了以平台型企业为中心、诸多线下机构为外围的产业生态。

平台经济主要活跃在大中型城市的中低端服务业中，如出行、餐饮、家政服务等。这些行业具有庞大的市场体量和升级空间，构成了产业化发展的基本条件。同时，大中型城市存在以农民工为代表的非正规就业群体，他们长期以来在低工资、低劳动保护的条件下工作，是平台型工作的潜在供给者。

这样的市场条件吸引了资本的进入。资本为寻求盈利、提升效率，又加速了产业化进程。一方面，平台型企业依托既有产业

---

① 产业化是指某种产业在市场经济条件下，以行业需求为导向，以实现效益为目标，依靠专业服务和质量管理，形成的系列化和品牌化的经营方式和组织形式。

和线下组织，通过在地方性市场布局来扩大用户量。另一方面，平台型企业商业模式的核心是基于大数据的精准营销、广告投放和资源配置，以及基于大数据的关联市场拓展。因此，其前期经营的目的往往不是赚取利润，而是吸引流量、收集数据和垄断市场。在一定时间内，平台型企业会持续提供高额补贴，维持负利润经营。高补贴吸引大量用户进入，间接地促进了产业内部分工和产业链的形成。

以网约车行业为例，一方面，平台型企业依靠线下机构，尤其是出租车公司、租赁公司递推的方式扩大用户群体。另一方面，由于资本大量注入，形成了具有市场竞争力的收入水平，吸引了诸多以开网约车作为全职工作的劳动者，其中包括了一大部分靠贷款买车或租车从事网约车工作的司机，从中衍生出购车、租车、线下服务的需求。在这两方面因素作用下，网约车行业形成了"汽车销售—汽车金融服务—租赁公司获得车牌—租赁公司招募司机—网约车司机以租代购获得车辆或租车—网约车司机开展网约车服务—租赁公司协助网约车平台进行线下服务—二手车处理"的线下生态圈。外卖、家政服务行业也形成了类似的线下生态圈。

2. 中国平台型就业具有明显的"全职化"特征

平台型企业执行了与全职工作相匹配的组织管理和劳动过程控制方式。在起步时期，平台经济的参与者是相对多元的，但是随着平台经济市场垄断格局形成，补贴额度下降，兼职和零工劳动者逐步退出。

平台型企业采用线下组织管理、绩效测评、锦标赛等劳动管理方式。这些管理的根本目的不是为了改善工作条件，而是以增加劳动者对平台的黏性和依赖性的方式来维持一定水平的劳动力供给。例如，通过个人服务分或口碑值等线上规则设计，以及线下组织管理等多种方式提高劳动者对平台的黏性。又如设置一系列与职业化相关联的要求，如网约车司机需要购买或租赁指定配置的车辆，购买平台品牌相关的车辆内饰、视频监控设备、补给物资等。外卖骑手需要购买电动车和带有平台商业标识的服饰、配饰等。这导致了劳动者退出平台的沉没成本变高且对于平台的"经济依赖性"增强，而这种用工形式很可能演变成为一种"被捆绑"的"灵活用工"形式。

可以看出，平台经济和平台型就业最终呈现什么形态，不仅是一个经济学层面的问题，而且是嵌入具体的社会背景、制度框架内的，牵涉到多方主体的政治经济学问题。因此，对平台经济社会影响的评估和对平台经济的治理应当建立在这个基本认识之上。

二 "造血功能"与"嗜血本性"

平台经济促进了行业服务方式的升级。不论是网约车、外卖，还是家政、零售，"平台化"在一定程度上盘活了一部分资源，起到了提升行业生产和服务效率、促进交易匹配、提高服务质量的作用。在经济转型期，尤其是外部环境欠佳和受疫情冲击的当前，平台经济创造了大量的就业机会，此为平台经济的"造血功能"。但是，如果未得到有效治理，平台经济就会野蛮生长，带来风险。

1. 制度安排的缺陷

平台经济会利用既有制度安排缺陷扩大其负面效应，这既包括细分市场的管制空白，也包括劳动用工相关的管制空白。可以观察到，在既有制度越是存在监管盲区、劳动用工管理越是宽松的行业和地区，平台经济和平台型就业发展越快。例如，一些企业为了规避社会保险和税收等成本，与人力资源服务公司或平台服务公司合作，诱导与其建立劳动关系的劳动者注册为个体工商户，出现了"核心员工合伙化、非核心员工合作化"的情况，去劳动关系化趋势显现。投机性资本会放大这种制度性空白的风险。以深圳出行市场为例，2016 年，深圳保有 1.78 万台巡游出租车，但在当年网约车发展的高峰月份，滴滴出行平台网约车注册总量达到了 60 多万辆，日均在线车辆数达到 8.23 万辆，形成了供给侧的泡沫。① 高补贴的竞争手段可能破坏市场的正常生态，挤出原有市场中多元化的市场主体，将风险、不确定性带入经济系统当中。

2. 劳资力量对比不平衡

产业生态链是平台经济的重要调节主体之一。它在为平台提供高度灵活的劳动力队伍、规避用工风险、消解劳工不满等方面起到至关重要的作用。但是，发展产业生态链的目的是支持劳动力市场的灵活性需求，劳务层层转包、风险层层转移是产业生态链的重要特征，这可能导致市场进一步的"脱嵌"趋势，呈现出"劳动力市场中的控制"② 的状态。在某种程度上，平台和个体劳动者之间的权力不平衡问题更加严重。如果经营主体的经营风险借由市场化可以转嫁给政府和民众，而利得只是由少数经营者享有，那么平台经济的"嗜血本性"就会彰显，而一些政策的执行效果也会被扭曲。

3. 不利于人力资本积累

平台经济所创造的就业机会并非全部是"净增量"，而是对旧的业态中工作机会的替代。从长远来看，这种就业模式对于劳动

---

① 深圳市交通运输委员会：《2016 年深圳市综合交通年度评估报告》，2016 年。滴滴出行平台网约车保有量和在线车辆数来自笔者 2016 年 12 月在深圳网约车市场的调研。

② "劳动力市场中的控制"是和"劳动过程控制"相对应的概念，围绕着劳动力的购买过程（而不是劳动生产过程）而形成，通过复杂的组织体系、游戏玩法和权力关系来支配劳动者。

者的人力资本提升作用比较有限，它所支持的是短期利益导向的投机行为，而不是长期的人力资本积累。

三 风险防范的应对政策

1. 明确生产要素权属关系，制定相应监管措施

通过明确生产要素权属关系、制定与平台型组织商业模式特点相匹配的监管措施，营造公平竞争的市场环境，防范平台经济和平台型就业野蛮生长。

平台经济和平台型就业的快速发展与其生产要素权属关系界定不清直接相关。这种模糊的权属关系既为市场创新创造了空间，也为投机性资本的进入创造了空间，破坏了正常的市场秩序。数据权是最明显的例子。目前，与个人行为相关的数据是免费获取和使用的，基于数据的商业模式的平台型企业因此获得了巨大的商业价值。如果与数据相关的权属关系和交易规则得到明晰，将会对平台经济的格局带来根本性的影响。又如，网约车的发展很大程度上是利用了公共道路权未被明确的监管盲区。政府的"网约车新政"明确了网约车的业务属性，为传统出租车行业转型升级和其他平台型服务商的进入创造了空间。在劳权方面，不少企业打着"用工形式创新"的名号，实际上是利用现行税法中个人所得税和增值税的税率差异降低税负，用新的方法逃避劳动法律法规的监管，所以此方面也应该出台相应监管措施。

生产方式的改变要求对相关生产要素的权属关系规则做出调整，政府应依照具体行业的特征制定新的确权规则，促进市场主体间的谈判力量均衡化，避免形成不良的市场生态。

同时，制定和平台型企业商业模式特点相匹配的监管措施。例如，平台型企业业务涉及范围广、扩散速度快，对于平台型企

业暴露出的职业安全问题，应适当加大处罚力度。在所得税征管方面，去除平台企业与非平台企业之间的差异。政府通过复合型监管模式对平台企业进行反垄断监管，管制平台型企业操控市场信息、扭曲市场价格的不正当竞争行为，为不同类型的服务提供商提供公平竞争的市场环境。

2. 明确互联网用工关系属性，提升政府公共服务能力

通过明确互联网用工关系属性、提升政府公共服务能力来平衡劳资之间的谈判力量。市场主体的互动是在一定的制度性框架内开展的，应合理界定互联网用工关系性质，平衡劳资之间的谈判力量。鉴于我国平台经济所呈现的特征，政府应将互联网平台工作视为一个工种，规定灵活性工作者应当享受的劳动权利和社会保障。政府支持劳动者职业协会建立，支持协会代表劳动者和平台方进行集体谈判，提升劳动者一方的"组织化"意识和"组织化"程度，而不是让平台单方面垄断对于规则的话语权。

平台型就业的风险在本质上是由劳资力量悬殊导致的。平台型就业的主体，即农民工，往往也是市场中谈判能力最弱的群体。提升政府公共服务能力，推进社会公平和基础设施的公益性建设是根本的解决之道。发挥我国政府掌控国有资本的体制优势，政府扮演好再分配主体的角色，将国有资本利润更多地用于民生领域。推动农民工的市民身份转化，使他们享受和城镇居民同等的医疗、养老、教育、廉租房等福利，提升他们的主动选择权。城镇化也从根本上有助于提升内需，促进我国经济的"内循环"。

内部劳动力市场相对稳定的组织关系对于平台型企业和劳动者来说是"双赢"的。在多方共建契约的条件下，劳资双方维持相对长期的合作关系可以有效降低人员轮换、职业技能培训的成本，也可以促进劳动者持续的技能提升。应鼓励平台型企业探索建立多方主体协商的合作性劳资制度的路径。

3. 通过劳动升级支持产业升级

平台劳动者和平台型企业的关系，本质上反映的是居于价值链末端的低端服务业劳动力市场的复杂支配关系。技术升级推动产业升级是根本的解决路径。技术升级虽然一般是由市场需求端推动，但是高质量的技术升级也需要素端的推动。近些年来，我国劳动力价格上涨促使企业进行生产端的自动化和智能化改造，从而使效率和劳动生产率提升。从长远来看，为劳动者赋权可以促进产业端的升级，同时提升对高技能劳动力的需求，实现人力资源的升级。应完善职业技能培训制度，通过政府资助建立更多"校企合作"的职业培训机构，支持劳动者通用型技能开发，提升劳动者的人力资本水平，加速劳动力市场的整合。

通过打造世界级数字文化产业集群
讲好中国故事

李 江

2018 年 8 月，习近平总书记在全国宣传思想工作会议上指出：
"要推动文化产业高质量发展，健全现代文化产业体系和市场体系，推动各类文化市场主体发展壮大，培育新型文化业态和文化消费模式，以高质量文化供给增强人们的文化获得感、幸福感。"2017 年，文化部出台《关于推动数字文化产业创新发展的指导意见》，提出要引导数字文化产业的发展方向，明确了着力发展的重点领域，要求建设数字文化产业创新生态体系。

一　数字文化产业发展现状

1. 国际数字文化产业基本情况

20 世纪 80 年代以来，西方国家在数字技术、互联网技术、多媒体技术等领域的迅猛发展刺激了文化产业的数字化转型。在这一背景下，文化产业逐渐孵化出基于数字技术、多媒体技术的新型形态——数字文化产业（又称数字创意产业）。依托数字技术和数字平台进行创作、生产、传播和销售，文化产业各个细分领域的跨要素、跨行业融合催生出数字动漫、网络文学、数字游戏、数字电影、数字音乐、虚拟现实等数字文化产业的新业态。

一方面，从国民经济的角度来看，数字文化产业具有市场潜力大、产业附加值高、产业带动性强、单位能耗低等特点，因而西方发达国家高度重视数字文化产业的发展。另一方面，数字文化产业与意识形态具有较强的融合性。互联网技术的发展并没有消解数字文化产业的价值属性，反而大大增强了它对意识形态的承载维度，因而西方国家普遍将该产业作为其软实力构建和价值输出的重要工具和载体。

全球范围内，美国、日本、英国已成为数字文化产业的第一梯队。长期以来，这三国凭借深厚的知识产权优势、技术优势、资本优势和市场优势，在数字文化产业的全球价值链中占据了高附加值环节的主导地位。

2. 中国数字文化产业基本情况

得益于政策上的大力扶持，近十年来中国数字文化产业凭借着在信息技术和数字经济产业上的优势实现了跨越式发展。根据国务院发展研究中心、中国社科院中国文化研究中心等机构联合发布的《中国数字文化产业发展趋势研究报告》的估算，2017 年数字文化产业增加值为 1.03 万亿~1.19 万亿元，总产值为 2.85 万亿~3.26 万亿元。2020 年数字文化产业增加值突破 8 万亿元。

中国的数字文化产业与美国、日本、英国相比差距较为明显，在全球价值链中处于中间环节。近两年来，中国在直播、数字游戏、短视频、电子竞技等新兴领域实现了弯道超车，出现了一批世界级的头部企业。这些跨国巨头一方面不断培育自身研发实力，另一方面也凭借自身充足的资本实力在海外收并购科技企业，成功跻身世界一流数字科技集团之列。

二 中国数字文化产业存在的主要问题

1. 内容创意环节竞争力不足

内容创意是文化产业的核心。在内容创意的层次，中国虽然拥有一批知名跨国企业，但仅能在移动游戏、低幼动画、电子竞技三个细分领域拥有国际一流竞争力。美国则拥有迪士尼、时代华纳、环球影业、微软、苹果、暴雪、谷歌、奈飞等巨头，业务范围涉足数字文化产业的全部领域；英国有 BBC、路透集团、维珍集团；日本有索尼、任天堂、集英社等龙头企业。此外，日本也拥有一批富有创新能力的工作室，如京都动画、宫崎骏的吉卜力工作室等。

中国游戏和动漫产业已初步建立了发达的工业体系，然而游戏版号和动漫审批问题在一定程度上阻碍着相关产业的进一步发展。由于审批周期较长，大量原创企业因资金链中断而倒闭，削弱了企业的积极性。

2. 核心分发渠道受制于人

在传输通道和消费平台环节，中国与美国、日本、英国在电信运营和设备制造方面没有显著差距，而美国在消费平台方面具有垄断优势。消费平台在数字产品分发渠道扮演了关键的角色，也成为数字文化产业的运行载体。当下，在海外市场上，App Store（苹果应用商店）和 Google Play（谷歌应用商店）几乎垄断了移动应用下载渠道，虽然腾讯、字节跳动在海外市场试图凭借在线社交工具的流量优势实现消费平台的建设，但这一举措被美国政府和美国企业视为严重威胁。美国政府封禁 WeChat 和 TikTok，在一定程度上也是基于维持自身在内容消费平台的垄断地位的考量。

3. 技术开发环节积累不足

在技术开发环节，中国与美国和日本的差距则比较明显，主要体现在数字设备操作系统和半导体领域。在操作系统方面，微软的 Microsoft 系统、苹果的 iOS 系统、谷歌的安卓系统已经占据了全球超过九成的电脑端和移动端的市场份额；在数字文化产业移动设备芯片技术方面，美国高通在 2019 年以 33.4% 的市场份额高居第一，苹果也占有 13.1% 的市场份额。尽管华为自主研发的海思麒麟芯片占有 11.7% 的市场份额，但是与高通、英特尔等相比在技术上仍有较大差距，且受到美国禁令的影响，遭到芯片代工厂的断供。再者，在芯片的设计软件（EDA）和半导体原始材料方面，产业话语权基本由美国和日本垄断。

4. 对外文化传播力尚待开发

中国数字文化产业虽然在部分经济指标上可与美国、日本、英国等传统强国媲美，但是在文化传播和国际影响力方面不尽如人意。对外文化传播主要依靠内容创新和传播平台。

目前，北京、香港、广东、上海是中国主要的内容输出地。在数字文化产业细分领域中，香港、北京的内容创新竞争力主要在电影、动漫、数字媒体和音乐领域，广东则主要在数字游戏、数字动漫、网络文学、电子竞技和直播领域。然而，中国数字内容产品的创新能力与欧美国家和日本相比仍有一定差距。

在传播平台方面，中国可依托三类平台：一是以华为、vivo、OPPO 为代表的数字硬件设备的应用平台，二是香港数字媒体的传播平台，三是以 WeChat、TikTok 为代表的通信服务应用程序的社交平台。中国数字硬件设备在发展中国家赢得了较大的国际市场份额，但是操作系统的自主化和普适化仍然任重道远。香港数字媒体在国际舆论界具有较高的声望和权威性，但是内地和香港还没有建立较为顺畅的媒体沟通机制。WeChat、TikTok 近年来在海外发展迅猛，却接连遭到美国和印度政府的施压，其他地区的市场也面临着较大的政治风险和政策风险。

5. 企业深受融资问题困扰

根据投中信息的数据，2016 年中国文化产业的投融资达到峰值，随后连续三年市场对文化产业的投资急剧降温，但是头部企业融资规模不断增加。其背后的主要原因是：文化产业监管政策日趋收紧、稳健审慎的货币政策带来的市场流动性降低、投资者风险偏好下降、文化产业市场的马太效应等。

据调研，许多文化企业普遍认为近年来股权融资一级市场活跃度下降，天使投资、风险投资和私募股权投资在机构数量、投资规模方面均不如往年理想。在银行贷款方面，文化企业普遍反映贷款难的问题长期未能得到有效缓解。

6. 行业人才问题亟待解决

中国文化产业人才总量虽然大，但主要集中在中低附加值环节，高层次人才严重缺乏。尤其在数字文化产业的新兴业态中，学校教育、专业化培训与市场需求严重脱节，中国对国外人才缺少吸引力，人才结构更是难以满足产业发展需要。

中国人才政策对学历的要求也与企业现实需要脱节。各地人才政策适用对象往往需要满足学历、专业技术资格、获得奖项等条件，而数字文化专业人才不同于高科技产业专业人才。数字文化企业主要看重人才过往作品、技术水平、业绩成就等，对其学历、职称、奖项要求较低。

7. 知识产权保护体系不健全，黑灰产业链猖獗

在巨大产能的影响下，各种侵权盗版行为屡禁不止，严重阻碍了数字文化产业的正常发展。在知识产权保护的实践中，随着新业态的快速发展和技术手段的日新月异，出现了众多新型的侵权行为，而许多数字文化作品作为一个整体并没有独立的法律地

位，导致在司法实践中存在诸多问题。

（1）诉讼禁令对知识产权保护的缺位

中国法律体系和司法实践中，对诉讼禁令的规定和实行脱离了知识产权保护的现实需要。数字内容产品有其生命周期，通常为1年以内，但民事诉讼从取证、立案到一审、二审，一般需要2年以上的时间，在这期间侵权行为如果持续进行，侵权危害将持续存在，权利人的损失将持续扩大，等到诉讼程序结束时，内容产品的生命周期早已结束，胜诉结果对于权利人已然失去意义。

（2）黑灰产业链严重侵害企业权益

近十年来，中国黑灰产业泛滥猖獗，呈现链条专业化的趋势。网络犯罪与传统犯罪的叠加和融合，网络黑产犯罪手法的不断升级换代，急剧放大了黑灰产业生态的危害。无论个人、行业，还是国家，在对抗互联网黑灰产业链时都面临着巨大的挑战。

文化企业饱受侵权的困扰，是黑灰产业链的主要受害对象。以广东某企业的维权情况为例，该企业每年非诉讼维权量约3万件，涵盖盗用美术资源、商标侵权等多种侵权类型，该企业同时针对重大侵权行为启动民事、刑事诉讼维权，2018年以来办理的知识产权案件总数多达300余起。

三　完善繁荣数字文化的产业政策

尽管中国的数字文化产业存在着一些问题，但粤港澳大湾区和长三角地区的产业基础非常扎实，多数问题都可以在短期内解决。粤港澳大湾区和长三角地区的数字文化产业有五大核心优势：香港和上海的对外交流平台作用、香港和深圳的制度优势、全球游戏产业中心、强劲的数字文化产品出口能力，以及全球最齐全的工业门类和中国最雄厚的制造业实力。

粤港澳大湾区和长三角地区有望成功建设世界级数字文化产业集群的城市群。政策发力点应着眼于挖掘自身核心优势，科学制定产业规划和产业政策，解决产业问题，不断优化营商环境。

1. 制定产业规划和实施路径

（1）产业发展战略全景

粤港澳大湾区和长三角地区具备打造世界级数字文化产业集群的条件和潜力。通过产业横向和纵向对比，发展的核心产业为数字游戏和数字硬件装备，主导产业为数字音乐、数字动漫、网络文学、数字影视，即"2＋4"的产业布局战略。

在产业空间布局方面，应根据各城市和地区禀赋结构的不同，合理规划粤港澳大湾区和长三角地区数字文化产业集群，重点培育和发挥北京、香港、上海、广州、深圳的优势，即"2＋5"的空间布局战略。

（2）主要实施路径

全面启动"2＋4"产业布局战略及"2＋5"空间布局战略，以强有力的政策支持大力推进两大核心产业的发展，鼓励企业加强数字文化产业相关基础研究，巧妙利用政策杠杆和核心产业的溢出效应有序推进四大主导产业发展，力争在五年内形成世界级数字文化产业集群。

值得注意的是，过度繁荣的虚拟经济对以线下商业聚集为代表的产业的虹吸效应严重侵蚀了实体经济。为避免城市陷入"中心坍塌"的困境，政府应当引导数字文化产业与线下商业实体形成基于流量导入和消费刺激的良性循环。

2. 科学制定产业政策体系

（1）成立文化产业领导小组

文化产业涉及的细分产业众多，因而不同的产业领域分别归口于宣传、网信、工信、文旅、商务、体育等部门监管。即便是数字文化产业，也同样涉及多部门的监管。

为了解决中国当前文化体制改革的主要障碍，科学制定文化创意产业政策体系，中央可以考虑成立"数字文化产业推进领导小组办公室"，由副总理担任领导小组组长，宣传、网信、发改、工信、文旅等部门领导担任副组长。领导小组应委托智库对中国文化产业现状进行系统和科学的研究，尽快制定产业规划和产业政策。

（2）加强政策保障力度

应该充分利用粤港澳大湾区的政策优势和"一国两制"的制度优势，给予大湾区先行先试的政策支持，从而全面创新大湾区数字文化产业政策体系。例如针对企业反映的动漫游戏审批难的问题，出版审核部门可以考虑简化审批流程和提高速度，同时将审批权完全下放至深圳或粤港澳大湾区。

3. 多渠道解决企业融资难问题

要不断完善中国投融资体系，做好投融资对接服务，积极引导投融资朝数字文化产业流动。

第一，政府可以设立数字文化产业投资基金，不断推动各级文化产业投资基金的实体化运作，通过基金撬动更多社会资本参与文创产业，加强对数字文化企业的资本支持。第二，积极引进和对接国内外投资机构，优先对数字文化企业进行直接投资。第三，成立国家风险补偿基金，以贴息贷款、风险损失补偿等方式降低数字文化企业融资成本。第四，政府或协会加强对数字文化企业的投融资政策指导，通过公益培训、政策宣讲等方式不断提升企业的资本运营能力；引导行业成立文化产业投融资担保联盟，为数字文化企业增加信用担保，进一步降低数字文化企业的贷款门槛，使企业能更顺利地得到贷款或投融资。

4. 加强人才培育，盘活现有人才资源

首先，采取政府引领、市场主导的模式，为优秀专家、人才、团队提供政策支持、资金支持和税收优惠。其次，采取多种方式激发人才的创造力。通过项目培育、项目引进和表彰奖励，发掘一批国际数字文化领军人物，充分利用其示范效应在全社会形成创业创新氛围。再次，加强产学研联动，鼓励企业与高校共同建立人才培养基地，引导高校根据市场发展所需设立相关专业和设计课程大纲。

5. 加强数字内容创新能力，推动内容产品走出去

鼓励数字文化企业提升内容创新能力。政府可鼓励具有超额利润和充足现金储备的网络游戏企业基于游戏 IP 衍生需要投资或创作动漫、音乐、电影产品，从而实现对其他数字文化业态的反哺；鼓励游戏直播企业如虎牙直播、网易 CC 直播以及视频平台如腾讯视频、抖音、快手为中国动漫提供播放渠道，推广中国优秀动漫作品。

推动各文化（事业）单位与企业之间建立交流合作机制。鼓励数字文化企业积极挖掘中国文化，并为企业因内容创作需要而深入接触、了解中国历史建筑、器具文物、艺术作品等提供便利。推动文化单位进行数字化转型，与企业合作推出文化创意产品。

加强数字文化产品的出口激励，对本土原创产品出口和基于中国本土游戏的海外电竞赛事进行奖励和扶持。对于企业在海外举办电竞赛事，中国驻当地机构应予以支持。鼓励企业在海外举办各类友谊赛、联谊会等多样化的活动。

6. 加强知识产权保护，严厉打击黑灰产业链

首先，继续推动中国完善著作权立法，健全惩罚性赔偿制度，明确惩罚性赔偿的考量因素、赔偿数额的具体确定方法等。其次，通过颁布诉前、诉中禁令的方式遏制侵权，减少权利人的损失。再次，根据网络黑灰产业链法律适用问题复杂的现状，公安机关可以多部门联合治理、多警种协同打击为思路对相关平台、网站

进行管理。

7. 扶持技术创新与应用

第一，顺应新一轮科技革命和产业变革趋势，高度重视颠覆性技术创新与应用，以技术创新推动产品创新、模式创新和业态创新，更好满足智能化、个性化、时尚化消费需求，引领、创造和拓展消费新需求。第二，促进虚拟现实产业健康有序发展，开拓混合现实娱乐、智能家庭娱乐等消费新领域，推动智能制造、智能语音、三维（3D）打印、无人机、机器人等技术和装备在数字文化产业领域的应用，不断丰富产品形态和服务模式，拓展产业边界。第三，引导企业加强基础研究和基础应用研究，鼓励企业申报国家、省、市重点实验室。

人工智能对关键信息基础设施的影响、风险与应对

郑永年　贾　开　曾志敏

一　数字化、自动化、智能化变革

1. 人工智能将加速关键信息基础设施的数字化变革进程

人工智能的发展和应用对于大数据的依赖，将使得关键信息基础设施由过去的渠道功能，转变为数据的采集、存储、分析功能，推动了关键信息基础设施与上层应用的深度融合，加速了关键信息基础设施本身的数字化变革进程。

与传统关键信息基础设施主要承担数据流动、网络沟通的渠道性功能不同，由于人工智能的发展和应用在客观上依赖于大数据的采集、存储与分析，从而使得关键信息基础设施的关注点将转向数据本身。一方面，关键数据资源将成为关键信息基础设施的重要组成部分；另一方面，关键信息基础设施与上层应用深度融合，"网络即服务""平台即服务""基础设施即服务"等多种业态蓬勃发展。在此背景下，关键信息基础设施不再仅仅作为技术中立的"渠道"，而将通过直接处理数据深刻影响价值创造和价值分配的过程。比如，在人工智能的推动下，无人驾驶汽车的快

速发展将加速智能驾驶网络的形成，后者作为关键信息基础设施将广泛收集路况和行人数据，这就不可避免地影响到公民隐私权利。这也是关键信息基础设施在人工智能的发展和应用背景下，与在传统互联网、移动互联网时代的不同之处。①

2. 人工智能将加速关键信息基础设施的自动化变革进程

人工智能的发展和应用将减少关键信息基础设施运行维护过程中的人为干涉，加速关键信息基础设施的自动化变革进程。

人工智能极大地扩展了信息技术的应用范围和应用深度，人脸识别、语音识别、自然语言处理等多种技术的跨越式发展使得以前不能应用信息技术，或者应用信息技术不能达到人类相同水平的诸多领域，都已经成为人工智能的试验场。尽管不同领域的工作属性不同、工作对象不同、工作流程不同，但人工智能的发展和应用推动不同领域的工作被同等转换为对于大数据的收集、处理、分析。在此背景下，关键信息基础设施本身将变得更为复杂化和动态化，由此造成的两方面结果推动了关键信息基础设施运行维护过程的自动化进程。一方面，各个业态场景的全面数字化以及线上线下融合程度的不断提升，使得关键信息基础设施运行维护过程转变为对于超大规模、超高复杂度的数字环境的处理过程，而人类有限的数据处理能力根本无法有效应对；另一方面，人工智能技术在推动人类社会数字化转型的同时，也为处理数字时代的风险挑战提供了新的工具和手段，人工智能能够有效完成关键信息基础设施运行过程中的风险监测、预警、处理等各项工作。比如，金融领域已经较为广泛地将人工智能使用于数据整合

---

① 国家领导人高度重视信息基础设施在新技术推动下的变革与转型发展问题。习近平总书记在 2018 年 10 月中共中央政治局"就人工智能发展现状和趋势"举行的第九次集体学习中指出，"要推动智能化信息基础设施建设，提升传统基础设施智能化水平，形成适应智能经济、智能社会需要的基础设施体系"。

与分析、风险监测与预警、风险响应与处置、智能认证、风险地图等方面，有效提高了风险查准率。

3. 人工智能将加速关键信息基础设施的智能化变革进程

人工智能的发展和应用将推动关键信息基础设施深度嵌入产业应用，使之在应用场景中通过自我学习不断进化、完善，从而加速了关键信息基础设施的智能化变革进程。

建立在传统网信技术基础上的关键信息基础设施，其功能更多体现为对于上层应用的支撑性作用，基础设施与上层应用的分层结构相对明显，边界相对清晰。在人工智能的发展和应用背景下，关键信息系统、重要基础网络、核心数据资源都将深度嵌入产业应用，使得基础设施和上层应用之间的界限逐渐消失，直至成为有机的一体。这一变化将带来两方面影响：其一，关键信息基础设施本身将具备自我学习、自我进化的能力，关键信息基础设施在支撑产业应用的同时，产业应用也不断产生新的数据，形成新的算法，从而反过来促进关键信息基础设施的自我完善。其二，不同领域的关键信息基础设施将伴随上层应用的融合发展而互联互通，同一套人工智能基础算法可能同时应用于能源、金融、交通等各个领域，同一套个人行为大数据也可能在医疗、教育、安防等不同领域得到分析，这一过程将使得关键信息基础设施能够自我延展、自我扩张。上述两方面共同体现了关键信息基础设施的智能化变革进程。

二　人工智能技术的风险

1. 人工智能将给关键信息基础设施带来多维度风险

人工智能的发展和应用具有不可解释、自我强化两方面内在缺陷，将给关键信息基础设施带来多维度风险。

人工智能的不可解释性将导致算法黑箱、不可监督、难以追责等风险。人工智能的不可解释性源于其本身的技术逻辑。建立在大数据学习基础上的人工智能，在方法论上依赖于概率论而非因果论。换言之，人工智能虽然能够通过对过往数据（案例）的学习得到正确结论，但并不能给出形成结论的原因及推导链条。如果人工智能技术本身是完美的，那么因不可解释性所导致的风险问题便也不足为惧；不过人所共知的经验性结论却表明，软件算法往往是对于现实生产生活的简化建模，这便注定了软件算法永远都存在漏洞和缺陷。这样的潜在风险对于某些具有一定包容度的应用场景而言，是可以接受的，但对于具有基础性、普遍性影响的关键信息基础设施而言，不可解释性风险则会变得敏感而关键。具体而言，因机器学习过程的不可知性而导致的算法黑箱、因难以确认风险故障原因而造成的不可监督与难以追责，都是不可解释性风险的典型体现。如果考虑到人工智能技术的普遍性，不同领域的关键信息基础设施可能采用同一套人工智能算法，那么不可解释性风险将因互相联动、互成网络而呈指数级增长。

人工智能的自我强化性将导致固化、偏差、歧视等风险。人工智能技术基于"大数据集"，通过自我训练、自我学习以形成决策规则的过程实质上是对过往人类社会模式特征的总结并将其用于对未来社会的感知与决策，其在提高人类社会运行效率（例如电子商务基于用户历史偏好而提高交易匹配效率）的同时，也将不可避免地复制并延续当前社会的既有格局与特征，从而不利于变革与创新的发生——这便是人工智能的"自我强化风险"，其又可进一步细化为偏好固化、决策偏差、个体歧视三种类型。首先，人工智能对于人类行为特征的精准识别可能强化个人偏好甚至催化极端倾向，算法推荐业态可能导致的"信息茧房"问题便是此种类型的典型案例。其次，"大数据集"的不完备性和数据缺失问题可能导致人工智能的决策偏差，例如人脸识别算法针对白人男性的错误率低于1%，而针对黑人女性的错误率却高达35%，其原因是数据鸿沟背景下黑人女性数据的大量缺失。最后，人工智能技术基于社会整体大数据而形成规则并应用于具体场景的过程，暗含着以整体特征推断个体行为的基本逻辑，这就可能造成歧视问题，例如美国芝加哥法院使用的犯罪风险评估算法COMPAS对黑人犯罪嫌疑人造成了系统性歧视。

2. 人工智能的不当使用导致关键信息基础设施具有脆弱性

人工智能的发展和应用使得不同网络互联互通、不同业态互相影响，不当的使用将引发关键信息基础设施的脆弱性和攻防不对等性安全风险。

人工智能的发展和应用在推动人类社会数字化、自动化、智能化进程的同时，也使数字世界与物理世界的联系更加紧密，某一个局部领域的风险将很快伴随着网络的互联互通、数据的快速流动而波及其他领域以及其他地域。对于关键信息基础设施而言，因网络、平台、数据的互相关联、互相影响，在任何一个层次、一个节点上，人工智能的不当使用都可能成为波及全网的系统性风险。举例而言，以物联网和车辆网为基础的通信网络、以无人驾驶汽车核心算法为支撑的云端平台、以路况及驾驶数据为主体的关键数据资源共同构成了无人驾驶汽车产业的关键信息基础设施。考虑到无人驾驶汽车产业依赖于关键数据资源在通信网络间的快速传播以支撑云端平台的即时决策，因而关键数据资源的不准确、通信网络的不流畅、系统平台的不完备，任何一点的安全风险都可能成为波及整个产业的系统性风险。关键信息基础设施之间的互相关联性，导致了其脆弱性。

人工智能算法的开源性降低了技术获取的难度，使得恶意利用可能常态化，从而加剧关键信息基础设施安全保护方面的攻防不对等性。人工智能对于大量数据的依赖决定了其开源特性，包括 TensorFlow、Caffe、OpenCV 在内的诸多主流人工智能算法平台都采取了开源形式以吸引更多研究者和开发者的使用，从而能够积累更多数据以提升该算法平台的准确性和完备性。这一模式固然对于推动人工智能发展具有积极意义，但同时也大大降低了获取人工智能核心算法的门槛，使得任何人都可以应用最先进的人工智能技术。对于攻击者来说，只要能够找到人工智能系统的一个弱点，就可以达到入侵系统的目的；而对于安全防护系统来说，必须找到系统的所有弱点，不能有遗漏或滞后，才能保证系统不会出现问题。人工智能算法的开源性对保证关键信息基础设施的安全、可靠、可控发展提出了新的挑战。

3. 不同市场主体的技术优势将影响政府角色

不同主体间人工智能技术与产业优势的不均衡结构将引发政府主体角色边缘化、国际权力格局霸权化两方面安全风险。

市场主体的数据优势、技术优势可能边缘化政府主体在关键信息基础设施建设领域的重要性和主导性。关键信息基础设施建设的参与方主要是政府、事业单位、国有企业，但更重要的是以商业公司形式出现的平台企业。平台企业一方面具有资金灵活和技术先发优势，另一方面，更重要的是具有海量数据资源。人工智能时代，平台企业将进一步运用其资金、技术和数据优势，在推动人工智能应用的同时，积累更多数据，强化优势地位。为了实现此目的，平台企业将延伸至关键信息基础设施领域，在数字信用、数字支付、社交媒体、电子商务、物流信息等诸多领域，建设基础网络、基础平台并向社会开放服务。此种变化一方面推动了社会生产生活的整体进步，但另一方面也使得平台企业能够掌握更多数据，并同时边缘化了政府作为关键信息基础设施建设方和维护方的角色。从长远来看，后者可能造成不利影响，因为平台企业的营利性与关键信息基础设施的公共性存在本质冲突，平台企业可能凭借其掌控的基础设施有针对性地打击商业对手，服务自身利益。举例而言，谷歌在欧洲频频遭遇反垄断起诉，原因就在于谷歌涉嫌利用其占据绝对垄断地位的搜索引擎扶持其自身电子商务和在线旅游产品，并封杀竞争对手。

以美国为代表的西方国家在人工智能核心技术领域的领先地位可能赋予其战略优势，从而导致国际网络空间权力格局的霸权化。不同国家掌握的人工智能核心技术不同，其所具有的战略优势也不同。尽管中国近年来在人工智能核心技术领域取得了长足进步，但西方国家在关键核心算法、集成电路芯片、垄断平台企业、顶尖领先人才等方面仍然占据优势地位。尤其在关键信息基础设施方面，西方国家仍然优势明显。在逆全球化、单边主义逐渐盛行的现实背景下，以美国为代表的西方国家将会严格控制本国人工智能技术的出口，甚至部分国家已经采取措施。美国以"对国家安全造成不可接受的风险"为名，禁止美国企业与华为等中国企业进行交易，试图切断中国相关企业的产业供应链，再次暴露了西方国家可能利用其战略优势谋求霸权的企图。此外，西方国家也可能通过关税壁垒、国家安全保护等方式限制进口中国人工智能技术或产品，从而影响中国企业全球市场的开拓，减弱中国企业的全球竞争能力。

三　风险治理的政策应对

1. 加快编制核心信息技术发展路线图

要加快编制核心信息技术发展路线图，形成综合性顶层规划或国家战略文件，突破核心技术"命门"，建设独立自主的全产业链体系。

独立自主的技术是促进人工智能时代关键信息基础设施安全、

可靠、可控发展的必要前提，而形成连续性、系统性的产业政策是实现这一前提的关键。早在 2016 年召开的"网络安全和信息化工作座谈会"上，习近平总书记就明确提到了"尽快在核心技术上取得突破"。人工智能的发展和应用更凸显自主核心技术的重要性。不过值得注意的是，中国并非缺少核心技术，清华大学早在 1956 年就设置了半导体专业，而中科院在集成电路、微型计算机等领域的研究成果也曾接近世界领先水平。但在随后的发展进程中，受限于历史条件的约束以及国家政策重心的变迁，中国在核心信息技术领域方面的研发和成果转化工作逐渐慢了下来。进入 21 世纪以后，虽然以"核高基"重大专项为代表的国家支持政策有力地推动了核心信息技术的发展，并形成了包括"龙芯"高性能通用 CPU、"麒麟"服务器操作系统、"天河一号"超级计算机等在内的诸多突破性成果，但仍然未能从根本上改变核心信息技术相对落后的局面。究其原因，综合性顶层规划的缺失，相关支持政策缺乏连续性、系统性，技术研发与市场应用未能形成合力，都对中国在核心信息技术领域尽快实现突破造成了不利影响。相比之下，以日本的"第五代计算机计划"、英国的"阿尔维计划"、美国的"高速信息公路"计划、欧盟的"里斯本战略"为代表，西方主要国家都形成了较为长期的核心信息技术发展规划，且尽管在发展过程中出现了一定挫折，但都没有完全中断或放弃发展核心信息技术的目标，从而最终促成了各国在相关领域的优势地位。因此，加快编制核心信息技术发展路线图，以综合性的顶层规划或国家战略性文件形成支持核心技术发展的连续性、系统性政策体系，这将是突破核心技术"命门"、建设独立自主全产业链体系的重要方式。

2. 变革监管机制和创新监管工具

应变革监管机制和创新监管工具，构建超越政府或市场的复合式监管模式，并重视基于大数据和算法的动态式监管和预判式监管。

人工智能核心技术的开源属性、市场主体拥有的技术与产业优势，都使得在人工智能发展应用背景下，政府不再作为建设、维护关键信息基础设施的唯一主体。为了保证关键信息基础设施的安全、可靠、可控，有必要激发并调动市场主体积极性，督促其主动参与自我监管，但没有约束力的自我监管又可能流于形式，而复合式监管模式则是针对此问题提出的新型监管模式。复合式监管包括以教育和劝解为基础的自我监管、以警告和强化执行为基础的自我监管，以及以外部调查、民事制裁甚至是刑事制裁等为手段的强制性监管。它的基本逻辑是以惩罚手段为威慑，依据被监管者在具体议题上的情况和动机而采取不同的监管机制。建设复合式监管模式的关键是"可信惩罚威慑"的建构，即要以可信的方式向商业平台传递政府加强监管的决心与措施，这又具体包括确立明确的监管边界和监管红线、建设能够有效识别风险信息的外部监管机构、形成具有警示性而非象征性的多维度惩戒措施等。

另外，应重视基于大数据和算法的动态式、预判式监管。在能及时发现、反馈、动态调整监管策略的同时，也能有预见性地发现可能存在的风险暴露点，并基于风险概率进行更加精准、有效的监管。这一监管要求既体现于数字平台本身将相关技术应用于监管过程，也体现于政府部门加强对监管科技的研发与应用。特别是政府监管部门应加强对数字平台上的开放数据的收集与利用，在不给数字平台添加额外负担的基础上，政府部门同样可以利用数据爬虫、数据清洗等技术实时监控平台上的安全风险并最终形成监管决策。例如四川省成都市食药监局抓取美团、饿了么等外卖平台用户评论公开数据，利用人工智能技术分析其中包含的食品风险信息，然后再向平台提出精准监管要求。

3. 积极搭建国际交流对话平台

通过积极搭建国际交流对话平台，加强国外对中国发展现状与理念的更多认同、促进国内更多理解并回应国际关切议题，以此提升中国参与人工智能关键信息基础设施全球治理话语权。

习近平总书记在网络安全和信息化工作座谈会上的讲话指出，"大国网络安全博弈，不单是技术博弈，还是理念博弈、话语权博弈"。人工智能的发展和应用背景下，关键信息基础设施在全球范围内互联互通，这在客观上要求形成公平、合理的全球治理体系和治理机制。但是，人工智能技术与产业优势在不同国家的不均衡分布现状，以及可能出现的霸权风险，都不利于全球合作治理的形成。当前，中国在人工智能技术及其产业方面已经形成初步的发展，但由于发展历史、社会文化、地域环境的不同，中国与其他国家（尤其是西方国家）在网络空间治理的部分议题上存在较大差异，这不仅影响了国外对于中国发展现状与理念的认同，也不利于中国在参与人工智能关键信息基础设施全球治理进程中的话语权塑造。结合中美贸易摩擦持续发酵的时代背景，特别是西方国家对于中国部分网信企业的单方面"封杀"和"污名化"行为，相关部门在支持和鼓励中国企业在核心技术领域做大做强的同时，应减少技术发展水平和能力的相关宣传，更加突出中国在制度建设、治理创新方面的国际交流，以积极、开放的态度与世界大多数国家展开交流，阐述中国发展理念并对单边主义行为施加持续压力。鉴于此，本文认为中国应积极搭建国际交流对话平台，一方面在 ITU（国际电信联盟）、IGF（互联网治理论坛）等现有国际平台主动发声，扩大中国影响力；另一方面应积极创设以中国为主导的新平台（例如世界互联网大会、亚洲文明对话大会等），将其切实打造成为"中国与世界互联互通的国际平台"和"国际互联网共享共治的中国平台"。

互联网的垄断与监管

中美竞争环境下中国如何监管
大型互联网企业？

郑永年　杨丽君

　　自进入互联网时代以来，以互联网企业为核心的高科技企业呈现快速甚至爆炸式发展的大趋势。互联网对人类社会所产生的全方位影响是以前所有技术进步都不能比拟的。

　　在经济层面，互联网把人类带入了一个全新的信息时代，为人类创造了前所未有的巨量财富，同时也使得越来越多的人类生产活动依附互联网而生存和发展。

　　在社会层面，互联网把传统基于工业化之上的等级社会迅速转变为扁平的网络社会。一方面，由于远程教育、远程办公、远程问诊等商业形态的出现，传统上处于劣势的一些社会群体（如居住在偏远农村的居民）所处的不平等环境得到一定改善，但另一方面，因为财富和收入差异越来越大，网络社会变得越来越具有等级性，越来越不平等。

　　在政治层面，互联网促成人类社会历史上第一次实现基于"一人一票"之上的政治平等，即人人都可以通过互联网实现某种形式和程度的政治参与，也正因为互联网有效扩展了普通民众的政治参与度，从而导致民粹主义泛滥，普通民众政治参与过度甚至出现畸形，传统政党政治处于解体过程之中。

在文化层面，大众文化在快速取代传统的精英文化。精英主导的传统媒体在社交媒体面前纷纷败下阵来，人们不再相信精英，不再相信"事实"和"真相"，而"后真相"和"后事实"占据和主导了日常文化生活。社交媒体也导致了传统价值观的解体，取而代之的是社会的碎片化和价值的虚无。

在国际层面，互联网产生了两个层面的效应：第一个层面，互联网有效推动了全球化，促成所谓的共性价值和地方价值的冲突，认同政治因此泛滥起来；第二个层面，如果认同政治在一个社会的内部表现为民粹主义，那么民粹主义的外部表现就是民族主义。无论是民粹主义还是民族主义都表现为非理性，催生和加深着国家间的冲突。

互联网所带来的所有这些深刻的变化冲击着人类社会的现存秩序，包括内部秩序和国际秩序。人们意识到，所有这些变化不可避免，问题并不在于是否接受这些变化，而在于如何使这些变化可以管理和掌控，使人类有足够的时间和能力重塑信息时代的秩序。

各国已经开始采取行动来适应、应对、管控互联网所带来的变化。不管什么样的行动，最终都是为了确立信息时代的监管体系。从历史角度看，人类社会花了很长时间为工业化时代确立了一套监管体系。现在也是时候开始确立一套适用于互联网时代的监管体系了。

尽管互联网巨头企业主要集中在美国和中国，但欧洲已经率先制定了互联网行为规则。欧洲仅仅是互联网的使用者，不过，欧洲利用其"使用者"的权力或者市场的力量正在力争互联网时代的话语权。2018 年 5 月 25 日，欧盟制定的《通用数据保护条例》（*General Data Protection Regulation*，GDPR）正式生效，该条例使得对于个人信息的保护及监管达到了前所未有的高度，堪称史上最严格的数据保护法案。2020 年 12 月 15 日，欧盟公布了两项重磅立法提案，分别是《数字服务法》（DSA）和《数字市场法》（DMA），以采取"不对称规则"监管"门户型"大型互联网平台，主要针对的是来自美国的大型互联网企业。这些平台企业需要采取更多措施管控在线服务，保证跨境数字服务平稳运行。这两项法案给大型互联网企业带来的影响可能大于 GDPR 带来的影响。

美国是地地道道的互联网霸权国家，也一直是互联网规则和标准的制定者。无论从哪一个方面来说，美国从互联网发展过程中所获得的利益都不是其他任何国家或者国家组合能比拟的。正因为如此，美国一直为互联网的发展提供较为宽松的政治环境。但鉴于大型互联网企业尤其是社交媒体对政治的影响，美国已经开始积极立法，试图对大型互联网企业建立一套行之有效的监管体系，美国曾陆续颁布超过 130 项互联网管理方面的法律法规，被认为是拥有互联网法律最多和最重视互联网管理的国家之一。奥巴马在任期间，美国国土安全部设立"社交网络监控中心"，专门监控脸书、推特等社交媒体。

中国也不可避免要对大型互联网企业确立一套监管体系，因为中国的大型互联网企业也在产生着类似美国大型互联网企业的影响，所不同的只是方式和程度而已。在确立监管体系方面，中国和美国有着共同的兴趣和考量。但是，中国很难也不应当仿照美国或欧洲的监管体系，因为在互联网发展进程中，中国处于和美国、欧洲不同的地位。欧洲本身（也包括日本）没有发展出强大的互联网企业，处于守势，因此其监管体系反映的是欧洲的防守型地位。美国是互联网霸权国家，其监管体系既要考虑到监管功能，更重要的是要考虑到维持霸权地位，应对来自他国（即中国）的挑战。中国则不同，与欧洲相比，中国拥有诸多规模庞大的互联网企业，因此在制定互联网规则上（至少在理论上）拥有更大、更多的话语权。不过，与美国相比，中国仍然处于劣势地位。如果说美国的互联网行业面临的是健康发展的问题，那么中国的互联网行业则面临的是生存危机，因为互联网的大部分原创技术仍然来自美国，而中国互联网更多的是基于美国原创技术之上的应用。因此，对中国来说，发展还是硬道理，监管体系不仅需要考虑互联网行业的健康发展，更需要考虑生存发展问题。

一 互联网科技企业爆炸式发展的原因

互联网科技企业爆炸式发展的大趋势到今天仍然方兴未艾。高速成长主要是因为两个要素的结合，第一个要素是新技术革命本身所带来的巨大动能，第二个要素是各国政府的新自由主义政策。

第一个要素最为重要。互联网是新兴产业，一个新兴产业崛起之后，本身就可以持续相当长一段时间的高速发展，直到市场达到饱和状态。因此，互联网技术自诞生以来一直是科技企业竞争的核心，已经产生了无数的互联网产品，也有无数产品消失在这个过程之中。迄今为止，这个行业的发展一方面方兴未艾，另一方面竞争日趋激烈。在国家层面，没有任何一个国家想失去参与互联网竞争的机会，各国都意识到互联网是通往未来的捷径。欧洲和日本早期也参与了激烈的竞争，但因为种种原因没有能够发展出一个可持续发展的互联网产业。今天的互联网巨头企业主要集中在美国和中国这两个大国。除非有"颠覆性"技术的发明，否则其他国家很难再在互联网领域超越这两个大国。

如果说第一个要素主要关乎产业技术本身的发展逻辑，那么第二个要素关乎的是各国政府对这一产业的宽容态度和实施政策。

在早期，各国政府基本上抱着"摸着石头过河"的态度，采用新自由主义的政策，即最低限度的"不干预"政策和最大限度的支持性政策。自20世纪80年代以来，新自由主义是西方诸国的主导性经济意识形态，这种意识形态在互联网领域表现得尤其显著。在"不干预"政策下，互联网产业在很长一段时间内几乎是处于"无政府"状态，达尔文的"适者生存"理论可以用于描述互联网领域的竞争。实际上，就政府政策来说，这个状态直到今天仍然在延续。对一个特定互联网企业的制约更多是来自其他企业，而非来自政府。没有任何有效的政府政策可以决定互联网企业的产生、生存和发展。

中国互联网的快速发展也和政府的宽松政策分不开。在改革开放之前，中国实行计划经济。在放弃了计划经济模式之后，政府逐渐放松了对经济的管制。互联网产业就是在这个背景下产生的。政府意识到了新科技对国家的重要性，不仅容许其发展，还给予了有效的政策支持。同时，互联网的"分权"属性也决定了民营企业在这一领域的竞争优势。在中国，几乎所有大型互联网科技企业都属于"民营经济"范畴，这一事实本身就足以说明问题。除了互联网科技企业，其他重要的技术型企业大多属于"国有经济"范畴。政府的宽容政策也导致了中国互联网领域的激烈竞争，也使得中国的互联网企业在国际市场上具有了相当的竞争能力。

二 互联网科技企业的影响

一种新技术的产生对原有社会的影响往往是"毁灭性"的。经济学家熊彼特解释资本主义的一个概念叫"创造性破坏"，将这个概念用于形容互联网对人类社会的影响再合适不过了。

作为一种新技术，互联网对社会的影响首先体现在经济方面。无论在西方还是东方，无论在发达国家还是发展中国家，高科技产业不仅为各国创造了巨量的财富，也对各国的经济形态产生了巨大的影响。在经济形态方面，互联网的影响是显见的。一些产业因为互联网企业的兴起而衰落，而另一些产业因为技术赋能而得到发展。在现有的产业中，几乎没有一个产业与互联网没有关联。"＋互联网"或者"互联网＋"成为产业的常态。互联网几乎成为"生产力"或者"生产效率"的代名词。

但在财富方面，互联网企业的经济效应则转向了"负面"，即互联网企业大大加速了社会的财富分配速度。作为一种新的技术形态和经济形态，互联网为人类创造巨量财富的同时也促使社会财富迅速向高科技领域集中。互联网的发展刚好和自20世纪80年代开始的"超级全球化"[①]重合。实际上，正是互联网和全球化两者之间的互相强化造就了超级全球化。超级全球化使资本、技术和人才在全球范围内自由流动，资源得到有效配置，从而大大提高了劳动生产力，创造了前所未有的巨量财富。新冠肺炎疫情期间，大部分经济领域受到了重创，唯独互联网企业不仅没有受到负面的影响，反而加快崛起。

然而，互联网企业在为社会创造巨量财富的同时，也加大了社会群体间的收入差异，并加剧了社会的分化。互联网对社会平等的负面影响从一开始就被注意到，即所谓的"数字鸿沟"。"数字鸿沟"的概念主要是关乎互联网技术在人群中的分配问题，一些人有能力（经济上和技术上的）享受互联网及其带来的利益，而另一些人则没有这种能力。很显然，这是一种比较传统的看法。因为互联网技术的快速进步，互联网产品的价格很快大众化，早

---

① 这个概念来自哈佛大学经济学家 Dani Rodrik。

期人们所担心的"数字鸿沟"虽然还存在着，但情况并没有恶化。今天，互联网产品尤其是社交媒体越来越普及，普及之广度并没有受经济因素的影响，并且因为技术的易操作性，大多数人都掌握了运用社交媒体的能力。

尽管经济因素没有深刻地影响到社会群体对互联网的使用，但互联网导致了财富的高度分化。正如互联网企业的爆炸式发展，其创造的财富也疯狂地集中在掌控这些互联网企业的极少数人手中。以美国为例，社会中产阶层从20世纪80年代前的70%下降到今天的50%左右，或者从以往的"中产社会"过渡到今天的"富豪社会"。在这一过程中，互联网企业扮演了重要的角色，大部分互联网创业者都是从社会底层崛起，他们依靠互联网而改变了自己的命运。

从历史角度看，财富分化及由此而来的社会分化始终伴随着新科技和新经济形态的出现而产生。以互联网为核心的高科技企业还导致了高度的政治分化。互联网对政治分化的影响在西方尤其显著。在现有的文献中，互联网今天所具有的政治影响是早期所没有预见到的。在早期，西方普遍认为互联网只会对"非民主国家"产生政治影响。互联网被很多人视为"民主化"的工具，甚至认为互联网本身就是民主。西方诸国也的确利用互联网在很多非民主国家策划了各种类型的"颜色革命"，导致了这些国家的"政权变更"。但西方没有想到的是，这种具有"颜色革命"性质的政治运动最终也发生在西方国家内部，即政治民粹主义的崛起对西方传统民主构成了极其严峻的冲击和挑战。

社交媒体和民粹主义具有天然的联系，这不难理解。互联网造就了真正的大众媒体时代。过去，收音机、广播、电视被视为大众传媒，但它们在本质上依然是精英媒体，社会精英们通过这些媒体工具把自己的思想传达给大众。互联网彻底改变了这一切。

在一人一手机（终端）的社交媒体时代，大众真正拥有了属于自己的媒介。社交媒介赋权民众，使其实现了某种形式和某种程度的政治参与，从而使社会大众拥有了政治权利。

社交媒体的影响并没有就此终结。"信息圈层化"现象是更为严峻的社会问题。在社交媒体时代，信息来源无穷无尽，人们拥有了完全自由的选择权利，在互联网上随意获取自己想要的信息。可是问题并非那么简单。由于算法等互联网新技术的出现，人们在做"自由选择"的时候，其实是被推送了巨量的信息供"选择"，这些被推送的信息在同质化的社交圈中不断传导，促进了同一圈层人群对这些消息的散播和"消费"。也就是说，选择并非自由，而是早已经被界定好了的。"自由选择"和"被动接收"的结合导致了"信息圈层化"，即人们只是接触到自己选择的或者被推送到的那些信息。

"假信息"的崛起使得情况更为复杂化，事实被掩盖，而只有"后事实"和"后真相"。这导致了人们思想的极端化和激进化，对"他者"的仇恨和仇视到处蔓延。人们首先在恐怖主义分子那里发现了这个现象。现在，这个现象广泛地存在于所有的大众政治领域，导致认同政治出现。认同政治的崛起已经成为今天民粹主义政治的坚实社会基础。认同政治甚至影响到美国人对新冠病毒是否存在的看法，很多人并不相信新冠病毒的存在及其危害性，而是相信"新冠"现象只不过是一些利益集团为了自己利益而制造的"阴谋"。戴口罩这样一件简单的事情也被认同政治化，右派民众可以武装起来捍卫自己"不戴口罩"的权利。对特朗普的粉丝来说，认同政治促成他们根据总统的"建议"而去喝消毒液，认为消毒液可以治疗新冠病毒肺炎。

很显然，互联网企业同时扮演了两个互为矛盾的角色：一方面，互联网企业导致了社会方方面面的分化，从财富分化到意识形态分化，再到认同政治；另一方面，互联网企业则从技术上赋权社会大众。这就是西方政治民粹主义崛起的背景。而政治民粹主义在迅速摧毁着西方传统民主。社交媒体崛起以来，西方传统的政党平台迅速衰落。没有一个西方的政党不高度依附于互联网，更有甚者，手机平台在迅速替代政党平台。这种局面使得政治局外人纷纷崛起，首先出现这种情况的是欧洲，即使没有政党的支持，这些局外人也可以依靠互联网平台来动员支持力量，赢得选举，掌握政权。特朗普参与的美国总统大选也充分展示了这一切，特朗普用社交媒体的优势赢得了选举。特朗普在任期间，屡屡通过社交媒体发声，传统媒体在他面前显得软弱无力。2020 年的选战中，美国传统媒体合力抗击特朗普，全力支持民主党候选人拜登，但特朗普仍然赢得了将近一半的选票。

和以往不同，互联网企业以信息为基础，被认为掌握了太多的信息，从而对国家安全和公民个人隐私带来了异乎寻常的挑战。互联网企业所掌控的海量信息可以引申出多方面的含义。第一，当一个互联网企业所拥有的信息量超过一个国家所拥有的信息量的时候，国家安全怎么办？互联网企业会以国家利益为优先，还是以企业利益为优先？第二，在掌控公民个体信息方面，当互联网企业也扮演了类似于政府的角色，随意收集公民个体信息，甚至比政府更有效地收集公民个体信息时，公民的隐私权利如何得到保护？第三，在国际层面，互联网企业所拥有的信息又有了信息主权问题，互联网企业可以像采购商品那样采购（收集）其他国家（组织实体或者个人）的信息吗？可以像买卖商品那样在国际市场上处置其所拥有的信息吗？

在国际层面，互联网企业对一个国家外交的影响远不只信息的主权性那么简单。尽管人们强调信息的主权性，但互联网实际上弱化甚至去除了信息的主权性质。这使得国际政治和外交政策复杂化，至少表现在三个层面。

第一，认同政治从内政延伸到国际层面。认同政治的本质就是强化"我"与"他者"之间的差异，在把"我"道德化的同时把"他者"妖魔化。互联网早已成为最有效和最直接的妖魔化工具。进入互联网时代以来，国家间的民族主义对立情绪尤其高涨，这并不难理解。

第二，互联网使得国家间的政治干预变得容易和方便。近代以来，强调国家主权性的意义在于一个国家不得干预另一个国家的政治。但这一原则恰恰说明了国家间政治干预的经常性。实际上，国家主权原则从来没有有效地阻止一个国家干预另一个国家的行为。互联网的存在表明国家间的信息流通没有了边界，完全的信息隔离并不现实。对美国来说，干预他国政治一直是常态。不过，在互联网时代，其他国家干预美国政治也成为可能。这些年来，美国一直在指控俄罗斯等国家干预美国选举。一个国家通过互联网对另一个国家进行政治干预在技术上是可行的，是否干预只是一个政治决定。尽管被干预的国家也有办法减少或者消除外在的干预，例如在一些消息上注明"未经确认"或者"假消息"，但成本极高。

第三，一个更为显著的现象是，互联网时代各国的软实力普遍都在急剧下降和衰落，只是衰落的程度有所不同。各国对美国民主的看法就是一个典型例子。美国一直被视为西方民主的典范和旗帜，但在进入互联网时代以来，这个形象已经发生变化。诸多研究发现，尽管很多发展中国家仍然认为美国是民主的领导者，但西方发达国家对美国民主的看法转向负面，认为无论是美国民主本身的作为还是美国在海外推行美式民主都构成了对世界民主化的阻碍。在这次新冠肺炎疫情中，没有一个国家（包括美国的盟友）求助于美国。这是美国进入世界体系一百多年来首次出现这种现象。改革开放以来，中国尽管在行动上获得了巨大的成功，但这并没有反映在话语权上。中国的国际话语权依然微弱，"西方对中国"的局面仍然存在。

三　欧美互联网时代的反垄断与监管

正是因为互联网不断产生的巨大影响，如何建立针对互联网企业的监管体系也被很多国家提上议事日程。即使在技术层面，人们对大型互联网企业也提出了质疑。大型互联网企业所产生的技术效应就是：要不依附，要不灭亡。也就是说，所有新产生的互联网技术企业必须依附于现存大型互联网企业，否则很难有生存和发展的机会。这意味着互联网企业已经产生了垄断问题。

对互联网企业是不是要进行反垄断？这个问题很早就被提出，问题的提出也并非毫无道理。近代以来，任何一种产业的发展最终必然会导致监管体系的出现。进入工业化时代以后，人类花了很长一段时间才对今天的传统产业确立了监管体系。尽管如此，不同的产业还不时发生监管危机，尤其是金融产业和医药产业。互联网企业在过往数十年处于"野蛮"生长状态，人们现在还不知道如何监管它们，尤其是大型互联网企业。

不过，反垄断和监管尽管互为关联，但实际上是两件不同的事情。一个行业的反垄断，其本意是为了该行业的健康发展，因为人们发现，一旦企业可以通过垄断获得利益，就会失去进步的动力。监管则更为复杂，因为监管涉及各个方面的利益逻辑，包括经济逻辑、政治逻辑、社会逻辑等。监管就是要在各方利益中追求一个各方都可以接受的均衡状态。

无论是反垄断还是监管，欧美的态度都不一样。在互联网行业并不发达的欧洲，反垄断和监管早就开始了，也已经出台了不少法律和法规。欧盟反垄断的特点是力度大、规制严格，且频频开出天价罚单，反映出其防卫性质。欧洲国家没有大型互联网企业，并不需要考量这一领域的发展问题。

过去三年，欧盟对谷歌开出了三笔反垄断罚单，合计82.5亿欧元。2017年6月，欧盟向谷歌开出了一张高达24.2亿欧元的罚单，认为谷歌利用搜索领域的市场垄断地位推广自己的服务，给自己的产品进行"导流"，给予Google Shopping非法的支配地位，打压与之竞争的产品；2018年7月，因认为谷歌滥用安卓操作系统的支配性地位，欧盟委员会对其处以43.4亿欧元的罚款，是其历史上对单一企业的最大罚款；2019年3月，谷歌因扼杀在线广告领域的行业竞争被欧盟罚款14.9亿欧元。

2020年11月10日，欧盟委员会执行副主席维斯塔格（Margrethe Vestager）宣布，欧盟经过第一阶段调查，认为亚马逊违反了欧盟反垄断规则，破坏了公平竞争环境，即亚马逊既是平台，又在其平台上售卖商品，扮演了"运动员"和"裁判员"的双重角色，亚马逊可以利用第三方卖家数据进行业务决策，导致第三方卖家处于劣势。数据显示，在亚马逊平台的某些品类产品中，亚马逊自营产品只占该品类产品总量的约10%，却获得了超过50%的销售额。2020年6月，欧盟委员会在对苹果旗下的苹果支付（Apple Pay）和苹果商店（App Store）展开反垄断的初步调查后认为，苹果对其他竞争对手通过App Store平台获取的销售额抽取30%的佣金，远高于苹果对自己的流媒体服务Apple Music的规定，苹果的做法可能扭曲正当竞争并减少消费者对竞品的选择。

相比之下，美国互联网领域的反垄断开始的时间较晚，在2019年集中开启，并在2020年底对大型互联网企业提起了反垄断诉讼。整体上，美国在反垄断规制上较为审慎，维持动态竞争以提高市场效率，促进互联网平台经济发展。但这种观念随着消费者和两党议员对大型互联网企业在经济和社会领域的巨大权力和影响力感到不安而发生重大转变。自 2019 年对四大互联网企业（谷歌、脸书、苹果、亚马逊）发起反垄断调查以来，美国政府已经正式对其中两家提起了反垄断诉讼。2020 年 10 月 21 日，美国司法部和 11 个州对谷歌提起诉讼，瞄准这家互联网巨头在搜索和广告业务上存在的垄断行为，指控谷歌利用其市场主导地位打击竞争对手，从而违反了公平竞争法。这是自 1998 年制裁微软以来，美国政府针对一家企业所进行的规模最大的反垄断举动。

美国司法部长巴尔表示，对谷歌的反垄断诉讼对美国消费者来说是"里程碑式的"。2020 年 12 月 9 日，美国联邦贸易委员会（FTC）和 40 多个州的总检察长对脸书发起两次反垄断诉讼，指控该企业使用非法的反竞争策略来收购或扼杀竞争对手，以巩固其在社交网络领域的统治地位。尤其 FTC 正在寻求永久性禁令，要求脸书剥离包括 Instagram 和 WhatsApp 在内的资产，这意味着脸书可能被分拆。

大型互联网企业滥用市场支配地位已经成为欧美反垄断的主要原因。2020 年 10 月 7 日，美国国会公布了一份针对四大互联网巨头的反垄断调查报告，经过 16 个月的调查，报告认定包括苹果、亚马逊、谷歌和脸书在内的互联网巨头，在关键业务领域拥有"垄断权"，滥用了其在市场上的主导地位。报告还提出了一些能够防止企业滥用市场支配地位的建议，包括"结构分离"，比如强迫亚马逊等企业不在其运营的同一平台上参与竞争，以及为反垄断执法机构提供新的工具和资金等。

一个明显的事实是：数据反垄断和流量反垄断正成为欧美反垄断的新方向。随着数据量的增长与数据价值的不断攀升，数据反垄断成为焦点。近年来，大西洋两岸的反垄断部门在合并审查中经常考虑大数据的影响，主要从两个角度展开分析：首先，欧盟委员会和美国司法部/联邦贸易委员会（FTC）都采取了一种方法——两家拥有重要数据的企业合并是否会导致合并后的企业拥有过于强大的市场支配地位，这在反垄断术语中称为"横向"问题，因为企业处于价值链的同一层次。其次，欧盟委员会比美国当局更积极地调查的一个问题是，合并后的实体"能否"且"是否会"拒绝对其数据的获取，从而损害其竞争对手及有效竞争，即"纵向"问题，因为合并一方在价值链中处于另一方的上游。2019 年 2 月，德国联邦卡特尔局发布了针对脸书的决定，认定脸书通过从第三方来源（包括 Instagram、WhatsApp 等脸书所有的服务平台和其他第三方网站等）收集用户数据，滥用了其在社交网络市场的支配地位。德国联邦卡特尔局局长 Andreas Mundt 表示："数据源的合并在很大程度上使得脸书能够为每个用户建立一个独特的数据库，从而获取市场力量。"

数据接入限制、流量封锁也正成为一种新型的垄断形式。美国 FTC 起诉脸书垄断案中的起诉书指出，脸书的垄断行为主要表现在三个方面：（1）脸书收购 Instagram，消除该个人社交网络竞争对手对脸书垄断地位造成的威胁；（2）脸书收购 WhatsApp，消除该移动通信服务提供商对脸书个人社交网络垄断地位的潜在竞争威胁；（3）脸书对竞品类 App 制定 API 接入限制条件，要求开发人员不得与脸书的竞争对手进行数据接入等方面合作，直接切断同类社交网络产品的应用程序的 API 接口，禁止开发人员向与脸书核心产品或服务类似的社交网络竞品的产品或服务导出用户数据，防止其在未来威胁脸书个人社交网络市场的垄断地位。

但较之上述经济和技术面的考虑，欧美监管大型互联网企业的主要动力似乎来自政治考量。政治考量在美国表现得尤为突出。在 2020 年美国民主党总统初选辩论中，如何对大型互联网企业进行反垄断成为一个重要话题，但民主党主要考量的是互联网所释放出来的政治能量。代表共和党的特朗普政府也是一样。特朗普政府一方面以"国家安全"为名打压在美运营的中国互联网企业，另一方面也展开了针对美国互联网企业的反垄断行动。

美国的政治考量表现为两个层面，即内部政治和国际政治。互联网对内部政治的影响又可以细分为两个方面，一方面是互联网对美国民主党还是共和党更有利，另一个方面是互联网对传统西方民主的冲击。互联网企业代表的是商业利益，民主党的左派（以桑德斯和沃伦为代表）秉持较为传统的看法，主张对大型互联网企业进行反垄断，以限制其影响，尤其是政治影响。共和党传统上偏向于商业利益，对互联网企业他们持有不同的看法。互联网企业的科学家和员工一般都是自由主义者，反对政府对信息自由的干预，有些甚至具有很强烈的无政府主义倾向，这些经常和共和党一贯秉持的"法律和秩序"原则相矛盾和冲突。这方面，特朗普的态度尤其明显。特朗普认为互联网企业是站在民主党一边的，对自己不利，尽管特朗普本人一直使用社交媒体影响政治。2020 年 5 月 28 日，特朗普签署行政命令，限制社交媒体的内容审查权力。

互联网对传统民主的负面影响是大多数西方国家所关切的。福山和其合作者在《外交事务》发表了一篇题为《如何从技术中拯救民主——终结大型科技企业的信息垄断》的文章。文章直指互联网技术对西方民主的毁灭性冲击。作者认为，互联网平台造成的政治危害远比其造成的经济损失更令人担忧。互联网平台真正的危险不是扭曲市场，而是威胁民主。作者认为，尽管美国和欧洲的政府都在对大型互联网平台发起反垄断行动，但诉讼可能会持续数年之久，这种方式未必是应对其政治威胁的最佳方式。也就是说，传统的反垄断政策很难对大型互联网企业奏效，因为传统反垄断要解决的主要是经济问题，而不是政治问题。

在国际层面，美国主要的考量是与中国的竞争。尽管美国的互联网技术远远领先于中国，但美国有两个方面的担心：第一是担心美国安全受到威胁，即中国大型互联网企业在全球范围内收集信息的能力。美国政治人物一直在渲染所谓的"中国威胁"。澳大利亚网络安全咨询企业 Internet 2.0 的研究认为中国互联网企业正系统搜集"数字面包屑"[①]，并将此作为情报提供给中国政府和民间单位，中国正将这些海量数据应用在监控和军事上。第二是美国互联网企业担心来自中国同行的竞争。美国的大型互联网企业在反对政府反垄断（尤其是分解企业）的企图时，都以中国为说辞，认为政府任何反垄断的努力都会削弱美国互联网企业与中国同行的竞争能力。美国国会众议院司法委员会 2020 年 7 月 29 日对亚马逊、苹果、脸书和谷歌母公司 Alphabet 的首席执行官举行反垄断听证会。出席听证会的四巨头警告，美国对互联网企业的新规将会导致中国垄断创新。其实，对中国竞争力的"恐惧"是美国政府和企业的"共识"，也是美国监管大型互联网企业的重要考量。

总体看，世界各国对大型互联网企业的反垄断和监管，目前仍处于讨论过程之中。很难再以传统方式来对待大型互联网企业。美国对互联网的政治考量也决定了对互联网企业的监管必然是一场政治博弈。

四 中国监管大型互联网企业需要考虑的因素

在中国，大型互联网企业也对社会、政治、经济和文化的方方面面产生着深刻的影响。中国对大型互联网企业进行反垄断似

[①] 指一个人在网络上留下的蛛丝马迹。

乎势在必行。不过，在思考反垄断的时候，更需要回答一个根本问题，即中国的大型互联网企业如何实现可持续的发展。无论是欧洲的经验还是美国的经验都对中国有参照意义，但简单地照抄照搬他国的经验会导致出现颠覆性错误。原因很简单，和美国相比，中国互联网企业面临全然不同的国内、国际环境。

概括地说，中国大型互联网企业的可持续发展基本上取决于两大要素，即中美竞争国际大环境和对大型互联网企业的治理制度，一个是外部环境，一个是内部环境。在今后很长的一段历史时间里，外部环境甚至比内部环境更为重要。说到底，互联网企业的外部竞争能力基本上决定了内部的可持续发展能力。尽管中国也出现了一些大型互联网企业，但这些企业基本上还属于技术应用类型，缺少原创性技术。人们总是说，这个世界上大型互联网企业"只有中美两家"。在一定程度上，的确如此，因为如前面所说，其他发达经济体包括欧洲和日本并没有发展出强大的互联网企业。但"只有中美两家"这话并不是说中国互联网企业已经有足够的实力可以和美国的互联网企业竞争了。互联网企业的大多数原创性技术来自美国，中国是将美国技术进行应用或者改进。

对中国的大型科技企业来说，还面临一个生死存亡的问题。这可以从近年来美国组织国际力量围堵华为的过程中看出来。华为虽然是在中国名列前茅的高科技企业，但仍然有相当一部分关键技术依赖进口。美国政府不仅禁止自己的企业向华为提供产品，而且也迫使其他西方国家停止向华为供应产品。因此，在美国的围堵下，华为今天面临巨大的困难。

实际上，如果中美陷入美苏那样的冷战，而美国不顾一切围堵中国，和中国搞科技脱钩，那么就有可能使中国互联网瘫痪。例如手机的安卓操作系统和苹果 iOS 系统、电脑的 Windows 系统等都是由美国控制的，众多的应用程序也是受美西方控制的。不仅是技术控制，更难以改变的是生态控制。一旦脱钩，中国互联网即使生存下来了，也很有可能变成内联网。美西方不仅垄断了大多数互联网技术，而且也是标准的制定者。这说明，中国的互联网一旦走出国门，那么就要接受美国的标准。美国动用巨大的人财物力来围堵华为，就是害怕华为成为世界标准或者华为在制定世界标准上拥有话语权。

这种现状决定了无论是反垄断还是监管，中国都还有很长的路要走。在这个漫长的过程中，我们必须理性地考量很多问题，至少包括如下几个问题。

第一，在反垄断或者确立监管规制过程中，必须考虑国际竞争能力和国内安全两个方面，实现两者之间的平衡。

这个平衡也是美国所考虑的内容。在欧盟和美国之间，美国的做法更值得中国注意和借鉴。前面讨论过，欧盟因为本身没有互联网产业，因此无须考虑国际竞争的问题。中国则不然，必须紧盯美国的反垄断和监管实践，要对美国的做法冷静观察。中国应借鉴美国的经验，把自己国内互联网领域真实存在的反垄断问题弄明白，在此基础上再制定针对性的反垄断举措。但即便如此，中国的举措与美国的举措还是应该适当区分开来，因为两国互联网产业面临的问题并不完全相同。

第二，中国互联网企业发展面临着越来越严峻的外来压力，压力主要来自美国。要清醒地看到中国互联网行业发展面临与美国激烈竞争的一面，如果互联网平台反垄断扩大化、政治化和意识形态化，那么会对中国互联网行业的发展造成不利影响，有可能导致中国失去"信息时代"。

未来世界，哪个国家掌握了信息权，哪个国家就掌握了信息地缘，才有可能真正成为世界强国。当前基于信息的国际秩序刚刚开始形成，中国在国际互联网治理的秩序上依然处于不利地位。

保持中国互联网行业的国际竞争力依然是第一目标。尽管应将对互联网企业负面效应的规制提上政策日程，但规制体系需要考量会不会因为消除垄断而打击整个互联网行业的发展。从历史经验看，明朝初年中国海上活动日渐频繁，但是由于有关海洋航行的争论过于政治化，最终朝廷决定实行海禁，中国失去了一个海洋时代；也因为清朝日益闭关锁国，中国继而又失去了一个工业化时代。如果今天中国互联网产业不能跟上产业的发展，那么又将会失去一个信息时代。在中美互联网行业竞争的背景下，我们应当判定哪些领域应该进行反垄断调查和执法，哪些领域不应该，该反垄断的领域要坚决推进，而另外一些领域则仍然需要给予宽松的政策环境。

美国既然已经把中国界定为主要的竞争者甚至敌人，那么也会继续打压中国互联网企业。在这一点上，共和党和民主党是一致的，特朗普和拜登是一致的。尽管拜登或许会改变美中关系的基调，但商业领袖和民主党顾问普遍表示，他会继续抵制中国想要成为全球科技领军者的目标。在竞选期间，拜登表示他将投资提振美国科技，并与盟友合作在贸易方面与中国对抗。拜登对 Tik-Tok 问题感到担忧。拜登的顾问也一直在讨论如何应对中国在 5G 和人工智能领域的发展。拜登在接受《纽约时报》专栏作家托马斯·弗里德曼（Thomas Friedman）采访时表示，美国应该加大在能源、生物技术、先进材料、人工智能、量子计算以及 5G 通信上的投资，从而应对中国在这些领域日益增强的经济与政治影响力。

在竞选期间，拜登称他担心中国利用科技来推进国家控制，而不是为公民赋权。早些时候，拜登政府的候任国务卿布林肯（Antony Blinken）表示，"在拜登看来，全球各国存在着科技民主和科技专制之间的鸿沟"。

最近，美西方都在加紧宣扬所谓的中国互联网企业对西方造成的威胁，散布一种新的"中国威胁论"。2020年9月14日，In-ternet 2.0创办人波特（Robert Potter）和独立研究员鲍丁（Christo-pher Balding）向包括《华盛顿邮报》在内的几家新闻机构提供了一份对中国深圳振华数据信息技术有限公司（简称"振华数据"）基础数据库的研究报告。这份报告宣称，振华数据从2017年就开始系统性地收集在社交媒体和互联网上的"数字面包屑"，并将其作为情报提供给中国军方、政府和商业客户。研究宣称，振华数据的"海外关键信息数据库"（Overseas Key Information Database）可提供有关外国政治、军事和商业人物的侧写，各国基础设施和军事部署的细节，以及舆论分析。报告煞有介事地说："开放的自由民主国家必须考虑，如何最好地应对中国在既定法律限制之外对外国个人和机构的监控所带来非常真实的威胁。"

继特朗普对TikTok和WeChat祭出交易禁令后，美国参议院情报委员会代理主席卢比奥（Marco Rubio）在2020年9月14日致函白宫，敦促特朗普将中国即时通信软件QQ一并纳入早前对We-Chat所颁布的行政命令。卢比奥把QQ和中国共产党联系起来，他说"中国政府和共产党与这种高风险软件之间的联系非常明显，腾讯首席执行官马化腾是中国国家立法机构全国人民代表大会的成员"。美国科技企业在当前的反垄断诉讼中也试图利用中国企业来转移压力，脸书旗下Instagram的CEO亚当·莫塞里（Adam Mosseri）于2020年12月11日宣称，TikTok是该企业有史以来遇到的最强大的竞争对手，TikTok在美国市场的成功，可以作为驳斥FTC和各州总检察长反垄断诉讼中"脸书压制竞争对手"的论点。

更有甚者，美国在设想建立一个所谓的"民主国家数字贸易区"，这样中国企业在美国网店里的数字商品将被课税。2020年9月29日，美国外交关系协会发布了一份名为《将数字贸易武器化——

建立一个数字贸易区以促进线上自由和网络安全》的报告。该报告称，如果美国不能提出一个可以跟中国"专制模式"竞争的方案，并说服其盟友加入，那么中国将主导全球互联网，"一个侵犯隐私、实行审查、支持国家监视的互联网世界将变得越来越普遍"。

报告认为，包括脸书和谷歌在内，几乎所有美国数字经济的相关企业都被禁止在中国开展业务，微软在中国的运营受到一系列限制，中国根本不允许美国数字经济相关企业在中国自由运营，但中国的数字经济相关企业却在美国自由运营。

报告指出，相对中国和俄罗斯，美国最重要的优势是其盟友。因此，美国的最佳策略是跟民主国家合作，将价值观植根于数字贸易，将数字贸易与促进开放的互联网相连。而要做到这一点就必须形成一个数字贸易区，将民主价值观与数字市场在线准入联系在一起。这是实施美中脱钩的一种策略。

报告甚至呼吁，美国应当放弃全球性互联网，建立民主国家互联网。报告说，美国必须放弃过去30年来期待一个信息自由流动的全球互联网会改变中国的美好愿望，因为"中国制定了不同的方案，建立了不同的互联网，他们严格控制流入本国的数据，他们利用互联网监视公民，并实行控制"，因此美国不能再继续迷恋一个开放的全球互联网。

报告建议，通过数字贸易协议建立一个拥有共同标准的数字贸易区，并排除不愿受这些标准约束的国家。报告提出了数字贸易区的路线图：美国及其伙伴在目前自由贸易协议的基础上制定数字贸易和数据本地化的路线规则，建立对所有成员国公民的隐私保护措施；成员国对非成员国的数字商品征税；联合制裁参与被禁活动的非成员国；投资改善全球网络安全；确保成员国间不进行信号情报的搜集活动，不干扰其民主程序。在这个路线图中，贸易区成员国在与国家安全有关的软硬件上不再对非成员国有所依赖，建立民主数字供应链，激励其他国家加入这个阵营。中国被排除在数字贸易区之外，这可能会迫使其考虑改变行为。

报告认为，要达到这个目标，说服欧盟是关键。对美国而言，此项计划亦有紧迫性，因为欧洲越来越朝着自己的方向发展。十年内，人们真的会看到欧洲拥有一个跟美国和中国都不同的互联网，到那时再进行整合将非常困难。

美国打压互联网企业的种种方法是否有效需要时间检验。但不可否认的是，对中国互联网企业来说，如果不能解决目前面临的诸多"卡脖子"的技术问题，未来的发展充满着巨大的不确定性。

第三，随着产业的变化，对"垄断"和"监管"需要做新的理解，新的方法需要基于解放思想之上的深入研究。反垄断的根本目的是为了实现创新和增强技术竞争能力，因此技术创新形成的"自然"垄断状态是符合开放经济体发展要求的。

反垄断并不见得是传统式的"分解"企业。传统产业发展经验表明，无论"分解"与否，最终都会走向一种近乎"自然"垄断的状态。尽管西方各国都具有反垄断举措，但各国几乎都形成了产业垄断。汽车业就是一个典型，基本上形成了世界范围内的垄断。新进入者很难挑战现有的汽车企业，除非有新的发现（例如新能源、新材料等）。这是一种"自然"的垄断，人们对此是接受的。应当指出的是，这种"自然"垄断状态的形成并不意味着反垄断变得不重要；恰恰相反，"自然"垄断状态的出现是因为某一产品的质量处于优势地位，没有其他的技术可以挑战它。而这种技术优势就是之前反垄断的结果。实际上，反垄断的目的就是增强企业的技术竞争能力，避免企业在低技术阶段依靠垄断而赢利以致失去技术创新的动力。

尽管发展历程并不长，但大型互联网企业已经显示出"自然"

垄断的大趋势。美国大型互联网企业处于垄断地位,这个地位很难被其他国家互联网企业所取代。欧洲和日本没有大型的互联网企业,但这不是说他们没有发展互联网企业的企图和愿望。但除非欧洲和日本发现新的互联网模式,否则美国大型互联网企业的地位不会受到严峻的挑战。互联网和其相关企业有其本身的发展逻辑,不管有怎样的外在干预(反垄断和监管),都很难改变最终形成"自然"垄断的趋势。

正是意识到这个趋势,一般认为,仅仅是传统的"分解"方式解决不了问题,还需要其他方式的补充。美国政府针对微软的反垄断很好地说明了这一点。针对微软的垄断,美国各界也进行了很长时间的争论和博弈,但美国政府最终并没有分解微软。作为"分解"的替代,监管体系促成了微软的"开放",即让新的企业甚至是竞争者共享微软的"平台"。

不过,从现在看来,"开放"也带来新问题,即"开放"造成了新企业对大型互联网企业"平台"的高度依附。新企业要么"听命"于这些大型互联网平台,要么就是"死亡"。很多新企业一旦被视为具有潜力的竞争对手,往往会被收购,而收购目的并非发展而是"扼杀"。很显然,这种行为无疑会阻碍技术创新。

如果传统"分解"方式不足以解决问题,而"开放"也有其本身的问题,那么如何对美国科技巨头进行反垄断?这个问题没有定论,仍然处于研究阶段。麻省理工学院教授德隆·阿西莫格鲁(Daron Acemoglu)撰文指出,大多数市场参与者不得不让自己的产品与科技巨头产品保持兼容,依赖甚至依附于后者,这种业界生态无异于扼杀创新。要确保技术创新能让大多数人受益,更全面的政策必不可少。

阿西莫格鲁教授认为,对于以营利为目的的企业来说,未来新技术应用市场的大小是企业投资决策的一个重要参考因素。然而，企业对科技的需求、企业的商业模式以及企业对未来的远景规划等因素对科技创新整体发展趋势的影响可能更大。

20 世纪 90 年代，微软凭借 Windows 操作系统在个人电脑市场独占鳌头，没有任何动力去投资其他操作系统或是无法与 Windows 兼容的产品。同样，今天的高科技巨头也不可能推动那些会蚕食其利润的技术。因此，当脸书、谷歌、亚马逊和奈飞费尽心思去展示在科技领域的领先优势时，更多是因为这些优势符合其自身商业模式和经济利益。

此外，推动这些科技巨头进行科技创新的动力不单单是增加收入和扩展服务，实现企业的远景目标也是促使企业进行创新的重要动力。每家企业的管理层都会将自身的风格、喜好以及对未来的设想融入创新中。例如，iPod、iPhone 和 iPad 是苹果创始人乔布斯独具一格创新思路的结晶。

今天的问题，不只在于科技巨头在行业里一家独大，它们对研发的投入将直接决定行业科技变革的总体趋势。更严重的是，面对这样的局面，除了让自身的产品与大企业的产品保持兼容，市场上其他参与者几乎别无选择，其结果是大多数企业最终不得不依赖甚至依附于这些巨头企业。

据麦肯锡全球研究所估计，中美少数几家大型互联网企业对人工智能的研发投入已占到全球总投入 2/3 的水平。这些企业对人工智能的应用前景也有着类似的看法，即认为这项技术应该用于取代人工。不仅如此，它们对高校等机构的影响力也与日俱增，每年都有不计其数的毕业生想踏入大型互联网企业的大门。今天，顶尖高等教育机构对硅谷就如同开了后门：一些优秀学者常常为硅谷提供咨询服务，甚至放弃现有的工作，直接进入这些企业工作。

科技研发高度集中的趋势导致人们无法接触到更多创新科技

和平台。从这个角度说，垄断所产生的后果更为严重。就是说，一旦把所有鸡蛋放进一个篮子，其他的机会就会被隔绝，因为它们已经被排除在竞争之外了。

能源科技的变化就是一个很好的例子。在 30 年前，温室气体减排是一项不可能完成的任务。原因很简单，因为大量资源都投资于化石燃料生产、内燃机车制造以及相关基础设施建设上。但经过长达 30 年的政府政策支持，以及其他因素的诱导，可再生能源和电动汽车有了今天的成绩。今天，在很多情况下，绿色能源相对于化石燃料的优势都体现得越来越明显。这一变化从侧面表明，如果获得政策支持，那些更符合社会发展需求的平台能取得优异的成绩。

因此，对科技巨头市场主导地位的限制固然重要，但是只限制企业规模还不够。虽然脸书、谷歌、微软和亚马逊等几家企业已占到美股市值的约 1/4，但只是分拆这几家企业，不足以恢复全社会创新所需的多样性生态。要做到这一点，就需要拥有具有不同发展远景的新企业，政府可能也需要像过去那样，成为主导科技变革的掌舵人。

中国对互联网平台的反垄断，也不应以传统的方式来开展，而应思考如何用法律促使各平台之间互相开放，实现开放性的竞争，而非排斥性的竞争。如果中国互联网继续保持封杀竞品、割裂的现状，在世界互联网行业发展中已经获得的优势就会丧失。长此以往将导致中国互联网走向封闭，行业创新受到极大抑制，进而严重阻碍中国互联网企业与国际巨头的竞争。互联互通和共建共享是互联网的核心价值观，更是互联网行业发展和创新的源动力。况且，实现互联网平台的互联互通，可以向整个世界传递中国互联网弥合割裂、坚持开放和自由竞争的信号，有利于中国互联网市场创新环境的形象塑造。

更为具体地说，开展反垄断的目标应该是防止国内互联网企业间发生相互封禁、"二选一"等恶性竞争，推动其面向全球化的发展以及致力于更底层、更关键、更核心技术的创新和突破。在即时通信、短视频、新闻资讯、网约车、音乐流媒体、网络游戏和电商购物平台等领域，出现平台对竞争对手的产品进行屏蔽和封禁的现象，这都是当前中国互联网企业"不开放垄断"的重要表现。为了实现开放经济体的形成，也为了实现互联网平台的开放，应对这种现象予以遏制。

第四，追求高科技时代合理的财富分配，但要避免"均贫富"政策。

互联网企业的确在迅速加大财富的差距，一个高度分化的社会是难以为继的。但这不是"分解"或者监管互联网企业的重要理由。应当看到的是，财富差距的扩大也不仅仅是互联网企业所带来的，更为重要的是前面数十年的"超级全球化"所致。从这一角度看，社会公平能否实现取决于经济的全球化和国家经济主权之间是否达到一个相互可接受的水平。尽管全球化不会停止，但以往那种大大弱化主权国家经济主权的全球化需要得到修正。另外，"分解"互联网企业是否有助于社会公平的实现？这需要进行很多研究。但如何促成互联网企业助力社会公平的实现则是可以考量的现实问题。互联网企业既可以加速社会的分化，也可以通过各种技术手段赋权弱势社会群体，改变他们的经济状况。例如，电子商务成为中国扶贫攻坚战中的有力武器。中国互联网企业都纷纷加入电商扶贫，它们通过整合各界资源，加强人才培养，以电商扶贫方式助推了中国农村全面发展，为世界减贫事业提供了中国智慧与中国方案。商务部数据显示，2019年中国贫困县网络零售额达2392亿元，同比增长33%，带动贫困地区500万农民就业增收。

第五，需要深入探讨如何通过互联网塑造国际政治舞台上的软实力。

正如前面所讨论的，进入互联网时代后，各国的软实力都在下降和衰落。软实力的衰落主要有两个原因：一是内部文化下行。随着民粹主义的崛起，大众文化替代了往日的精英文化。在大众文化日益占据主流的情况下，无论在知识界还是政界，人们为了自己的利益纷纷迎合大众文化。这在西方国家表现得尤为清楚。二是国家间的互相妖魔化。

尽管这些现象都和互联网的崛起相关，但软实力的衰落还不能完全归咎于互联网。互联网只是技术工具，尽管这种技术工具加速了软实力的衰落。实际上，正是因为互联网只是一种技术工具，可以用它来进行软实力的建设。一方面，中国互联网蓬勃发展使得更多人有机会利用互联网来改善和提升自身的经济条件；另一方面，近些年兴起的内容创作资讯和短视频平台让老百姓的无限创意可以自由表达，这本身就是一种有效的软实力展示。

就中国的软实力建设来说，除了促成互联网技术"向善"之外，还有一个更为根本的问题，即知识体系的建设。西方的软实力并不在于其所拥有的技术手段，而在于其技术手段背后支持和传播的一整套知识体系。在中国本身的知识体系产生之前，很难在国际社会确立自己的软实力。而建设中国自己的知识体系必须回归事实、回归科学、回归理性。从这个角度来看，人们必须花大力气克服社交媒体所产生的"认同政治"及"妖魔化"他国的行为。也就是说，在国际层面，放弃对西方的不符合事实的攻击有助于国际软实力建设。很显然，西方对中国毫无根据的批评和攻击已经造成了西方软实力在中国民众中的弱化，如果中国也仿效进行无端批评和攻击，那么中国在西方民众中的软实力也同样会衰落。在20世纪90年代以后的相当长一段时间里，中西方之间进行各种对话，双方求同存异的互动提升了双方的软实力。换句话说，对中国来说，"以牙还牙"的反击解决不了"挨骂"的问题。要解决"挨骂"问题还是要回归到"知识体系"的建设。

第六，除了政府的监管，互联网企业的自觉更为重要，特别是企业的社会责任。

如果互联网企业唯利是图，那最有效的监管也会无效。在中国，这种情况必然会导致政府超越法律监管而诉诸政治控制。要避免这种极端情况的出现，企业的社会责任变得重要起来，这是一个企业内在的自我控制机制。

正如马克思所说，在原始资本主义时代，资本唯利是图，毫无社会责任意识。政府、社会和资本这三者经过长期的互动，最终确立了企业社会责任这一概念。企业社会责任是企业必须重视的一个环节。

对互联网企业来讲，从事慈善公益事业仅仅是它们所承担的社会责任的很小一部分。从更深远意义上来说，融合社会是互联网企业应有的社会责任。一个分化的社会难以持续发展，为此政府必然会对大型互联网企业分解社会的行为做出反应。这也是政府反垄断和监管的内在动力之一。如果大型互联网企业把融合社会作为自己企业的社会责任，那么政府和大型互联网企业之间的互动必然是良性的；但如果大型互联网企业不能确立自身的社会责任，那么两者之间的关系会是恶性的。

互联网垄断与流量控制对创新的影响

郑永年　尹睿智

　　今天，世界很多国家开始思考通过制定反垄断政策为互联网和互联网企业的长远发展提供一个有效的制度构架。对中国来说，立法也只是一个时间问题，而不是需要不需要的问题。不过，在立法之前，我们必须对互联网领域有一个充分的理解。互联网的发展历史并不长，并且变化迅速，人们对很多问题的认识才刚刚开始。立法或者规制并不是简单地限制互联网的发展，而是为互联网的发展营造一个良好的制度环境。为此，IPP 研究团队对目前讨论中的一些重要问题进行了深入研究。本篇聚焦互联网的流量控制和封杀对企业创新性的影响，以期引起决策者的注意和思考。

　　流量作为互联网世界的本币，有着绝对不亚于互联网数据的重要性。实际上，对于企业创新和中小企业发展来讲，流量资源甚至比数据资源更重要。中美两国当下竞争的一个关键就是国家对互联网的治理能力。谁能更好地治理互联网流量问题，谁就能营造更好的互联网经济环境，促进经济发展；同时给中小企业提供发展机会，创造更多的就业。

一　流量的性质

通常说的流量（traffic）指网上信息主体（如网站、App、微信公众号等）的访问量，常用的统计指标包括网站的独立用户数量（一般指 IP）、总用户数量（含重复访问者）、页面浏览数量、每个用户的页面浏览数量、用户在网站的平均停留时间等。简单地说，流量可以理解为网上主体让用户看到并被访问的量。

1. 中小企业商业模式创新的核心要素中流量的权重大于数据的权重

相比互联网上各类平台积累的海量数据，流量作为一个相对简单的指标，其重要性长期被学术和政策研究界所低估。从互联网的创新方面来看，大部分互联网研究者担心互联网巨头对数据的封闭性占有会使其创新能力相对于中小企业具有压倒性优势，尤其是在互联网巨头主营业务的技术发展方向上是具有压倒性优势的，例如谷歌拥有了全球近 80% 的搜索数据，其他企业很难在搜索技术的创新上挑战其地位。不过，在商业模式的创新领域，这个优势被夸大了。我们并不否定数据的重要性，但需要指出的是，在商业模式的创新领域，相对于数据，流量的重要性被忽略了。

脸书作为全球互联网社交领域的霸主，其积累的数据的规模和同类企业相比有数量级上的差距。在它处于鼎盛时期，中小企业创业者就在脸书的用户群里孵化出了另一个社交应用——Instagram，而脸书的团队却没能抓住这种机遇，最后只能通过收购这家企业来保持自身竞争力。当下，中国的短视频平台（无论是快手还是抖音）都在全球攻城略地，它们的推广本身还借助了脸书这样的社交核心平台。脸书拥有自己用户的全套数据，甚至也拥有中国短视频 App 的广告投放数据，但是它自己推出的短视频互联网产品依然不是快手和抖音的对手，几乎被挤出了市场。脸书本身也是这样的例子，在谷歌如日中天的时候，脸书就从谷歌眼皮底下崛起，成了可以与谷歌分庭抗礼的互联网巨头。

那么，接下来的问题便是，是不是当下的互联网垄断平台收集的数据还不够多，造成它们即便垄断后，数据的优势依然不明显呢？

从信息论的角度，垄断平台收集的数据只能给商业模式创新提供一定的优势，但是几乎无法提供决定性优势。网民在网站上能留下的数据，是由平台本身的功能框架和网民的行为习惯共同决定的，二者互相影响、互相塑造。商业模式创新的 App 大部分时候意味着这个 App 能提供一个现有的平台做不到的功能体系，这是一个新的信息产品供给。这部分新的功能在旧有的平台体系上既然没有，那么网民在旧平台上的行为就表现不出来，这部分在创新平台上才有的行为数据在旧的平台上就没有直接的体现（间接的体现或许有）。

互联网平台的数据既然不能直接体现出创新 App 的需求，那么它间接体现的需求对商业模式创新有多大帮助呢？我们可以换一个视角来评估。这个视角就是数据本身的维度。一个类似于谷歌、脸书这样的数据平台，用来给用户贴标签的数据标签量是百万级的，这些标签包括年龄、所处地域、消费的金额、偏好等内容。这种数据无法通过人工直接加以观察和分析，而是有一定的目标后，有针对性地借助工具进行数据挖掘。如果这些数据只是间接体现了一种需求，在对该种需求毫无认知的情况下，数据分析人员很难通过数据直接分析出这种新的需求是什么。如果数据的间接联系过远，从理论上说无论用何种技术手段分析现有数据都难以得出新的产品形态。

在实际的商业模式创新过程中，新兴创业者是先通过自身的体会、对社会的观察，洞察到了一种可能的创新形式，然后通过获取一些开放的数据作为印证，开发产品，不断地通过广告或者别的流量手段获取种子用户，反复调整、打磨产品，这才是一般互联网创新的真实过程。在这个过程中，产品的形态、性质有时甚至会有颠覆性的改变。IPP 的研究团队全程见证了国内知识付费产品——"知识星球"诞生的全过程。创业团队最初的目的其实是做一个用于工作交流的工具，后来逐步演变成了知识付费产品。这种"无心插柳柳成荫"的过程才是创新的真正常态。这是一个从已知领域到未知领域的探索过程，这个过程光凭分析现有平台的数据是做不到的。

从这个过程中我们可以看出，商业模式创新过程初期的核心是，不断地让创新团队认为的目标人群来尝试他们的创新产品。在中美互联网行业里，这个过程被称为目标用户流量获取。一旦产品被打磨成熟，具备了能够广泛推广的价值，团队会通过口碑营销、广告投放、黑客增长（下文会有详细阐述）等手段规模化地获取用户流量，加速产品的扩张，这一过程也就是产品的高速成长期。

无论创新产品在成长的初期，还是在高速成长期，一个绕不过去的核心便是流量的获取。这就是为什么腾讯、脸书等这样掌握着全球互联网核心流量和数据的巨头要采取如下战略：投资潜在的新兴产品，用流量进行扶持（即让自己投资的产品在自己的平台上拥有最大的曝光量）；而不是自己内部洞察潜在新兴产品，再设立独立的子企业或团队，由企业注入资金和数据去扶持其成长。

2. 流量：互联网行业的本币，网络公共空间的"商业地段分配工具"

从互联网治理的角度，流量比数据更加应当被视为互联网的真正本币。数据不具备排他性，对于创新团队而言，数据的可获得方法也是多样的。人们可以在不同平台上观察、抓取数据，互相印证，因为同类的数据往往多个平台都有。例如估算一个城市蛋糕消费者的数量，美团上有一个城市不同类型蛋糕店的销售数据，在淘宝上也可以筛选出类似的数据来做评估。但是流量有很强的排他性，因为它对应着的是用户的关注度和关注时间。用户关注于此，便失之于彼。同时，流量的获得渠道非常稀缺，能够覆盖大众人群的流量几乎只能从掌握了少数互联网入口的巨头那里获得。

互联网巨头对流量的分配所起的作用，实质相当于网络世界中"商业黄金地段"的分配工具。它直接决定着同一个时间维度里，提供竞争力相近产品的不同商家谁能领先。企业接入互联网可以分为两步，第一步要有一个互联网的主体（不管是建立网站还是 App）。这一步用到的就是互联网硬件的基础设施（如电信、移动的服务等），它们保证的是企业主体在物理意义上连接了互联网。第二步是要能被分配到流量，即企业互联网主体被曝光后，具有了规模化商业运作的基础。我们用滴滴出行来举例，滴滴出行的 App 在搭建完毕并可以提供服务后，大量用户并不知道这个 App，在打车时就不会想到去搜索下载它。当微信把滴滴出行的入口放入微信的支付页面后，平均每个人每天使用微信支付 5 次，就要打开 5 次这个页面，滴滴出行就获得了用户 5 次的访问流量；一旦某个用户需要打车，或者打车难，他/她很容易就想起这里有一个打车的工具，并且通过微信里的流量入口，开始操作滴滴出行。在很长一段时间里，滴滴出行 40% 的新用户都来自微信的支付页面。如果用传统商业环境来打比喻，开发好 App 相当于修建了一个做生意的商铺，而微信把滴滴出行的入口放在了平均每个用户每天打开 5 次的支付页面，就等于把这个商铺放在了互联网这个虚拟世界里人流最旺的街道的黄金位置。其他打车软件的流量入口如果为其他渠道（例如新浪或网易的新闻页面），用户可能一周才能看到两三次，就相当于把铺面开在了相对远离商业人流的地方。这些没有被腾讯投资的打车软件在与滴滴出行的竞争中败下阵来，其中最重要的原因就是缺乏流量引导。

掌握互联网流量的企业，如百度、阿里巴巴、腾讯，将流量分配给谁，谁的"店铺"就获得了互联网世界里好的"商业地段"，就可获得更多的流量，在同等条件下发展自己用户和业务的概率就越大。这个机制简单有效，同时也揭示了流量才是互联网世界的本币。一些研究者往往从物理接入的角度，认为腾讯等互联网巨头无法阻断人们上网，所以不算互联网基础设施，因此不构成垄断。很显然，这是没有认清互联网商业的本质。事实上，即便把腾讯等互联网流量巨头看作是互联网基础设施企业，都远远低估了它们对互联网的掌控力。在全球市场上，资本早就证明了这两类企业哪一类才是互联网的真正王者。像谷歌、脸书、腾讯这类流量巨头的市值远高于那些公认的互联网基础设施巨头（例如中国移动）的市值。创投企业的聚群规律也揭示着这一真理，绝大多数互联网新兴创业企业都围绕谷歌、脸书、腾讯、阿里巴巴聚集，成为其投资的子企业，而不是围绕中国移动等互联网基础设施巨头聚群。

3. 社交增长黑客：中小企业创新、大众创新最值得依赖的手段

社交增长黑客，是帮助大众创业者，尤其是缺乏社会资源的创业者获得有效流量的人，而不是用黑客手段攻击社交平台的人。人们在社交平台上有分享自己所见所闻和共享自己喜欢的事情的动机。社交增长黑客是指通过触发用户在社交平台上的分享动机，让用户主动在社交平台（如微信朋友圈）分享企业的产品信息，从而带来新的目标用户流量的产品运作者。例如，滴滴出行和UBER在进入市场的初期，都会发放很多邀请码，只要用户分享这

个邀请码给自己需要打车的朋友，并且朋友使用了这个邀请码打车，那么分享者和使用者都将获得打车补贴。这种方式是互联网企业普遍使用的获取精准流量的方式。它并非大企业的专利，小企业、初创企业、缺乏资金的个体创业者对这种手段更加依赖。例如，在城市里利用照片处理软件帮人美化毕业照的学生创业团队，在各个学校寻找模特儿，帮人修照片，然后收取极低的费用，但是要求对方将照片和自己工作室的公众号分享到朋友圈，通过这种方式开启了自己摄影工作室的创业之路。所有的小众互联网产品或者为城市细分人群服务的产品，都大量使用这类手段获得用户。

这种手段的特点是无须太多的启动资金，不用租店面，开发者只需要在现实生活中找到少量目标用户，保证自己的服务有好的口碑，就可以借助目标用户本身的社交网络将自己的小事业做起来。这是信息时代给大众创业者最大的福音，是一个社会能营造出勤能致富的环境、保持稳定和阶层流动性的基石。小众的商业个体利用社交黑客实现流量增长的手段，也保证了整个中国互联网生态的丰富性。

二　流量操控与封杀的影响

1. 一些专家的错误认知：互联网企业可以随意对任何对手进行封杀

如上文所提到的，一些专家有一种错误的认知，即互联网巨头提供的大型平台本身不是互联网基础设施。例如用户和企业不用微信也可以上网，因此微信不是信息基础设施，也无关广大民众的福祉。在这种认知下，如果竞争对手要求平台向其开放，且把分流平台的用户作为自己主要的目的，这就像要求在海尔洗衣机上贴小天鹅洗衣机的广告，是有问题的。有的专家还指出，把微信看成公共物品是错误的，因为平台本身就是一种竞争结果，是经历了大量的投资和创新而形成的。

基于上述认知，这类专家达成的共识是，互联网平台可以随意封杀自己想封杀的对象。他们认为，首先，微信不是基础设施，也不构成《反垄断法》中所指的必需设施；其次，《反垄断法》的宗旨是保护竞争，而不是保护竞争者；最后，数据是互联网企业的核心资产，互联网平台应该具有自我决定是否开放的权力。很显然，这些认识都带有片面性。

2. 流量封杀对中小企业创新的影响：寒蝉效应

从国家互联网治理的视角来看，治理互联网的公共政策不仅要考虑普通网民的上网舒适程度，更要考虑互联网作为一个社会公器，对中小企业生存、科技创新发展的影响。

社交类互联网产品一旦超过了网络用户人数的阈值，在技术基础层面不发生变革的情况下，就会成为用户的唯一选择。例如，当一个人几乎所有的朋友都用微信作为沟通工具时，这个人无力让其他朋友都不使用微信，那么他也只有坚持使用微信这一种选择。这就是网络社会学所说的必然规律。因此，微信等社交类互联网产品天然具有垄断性。它们是以通信工具为基础发展形成的社交网络的互联网载体。这个载体垄断了人和人由于网络沟通、网络社交所产生的互联网流量。这个流量几乎占到了整个社会互联网流量的一半以上。这意味着，如果腾讯所控制的社交网络平台可以任由其调节甚至封杀其他产品的流量，那么等同于实体社会里一家企业可以任意安排一半的商业人流是否经过一个店铺；反过来说，它可以决定一个店铺出现的位置是在人流旺盛的市中心（例如将滴滴出行放在高频打开的页面），还是在人迹罕至的深山（例如在平台上封杀这个应用）。

同时，由于它是社交的载体，90%以上的社交增长黑客获取的流量来源于它。这部分流量，历来是社会边缘人群和弱势人群创业的基石，对这部分流量的封杀如果没有相对明确的规则，就会产生寒蝉效应，即让大部分对封号封杀反制能力较弱的创业团队很快失去创业的信心和动力。例如，一个拥有较强反封杀能力的专业社交增长黑客团队，可以不断地利用社会资源（例如利用新的身份证）注册新的企业、制作新的互联网 App 或者申请新的公众号，在一个号被封杀后，继续换一个账号开展业务。但是，如果是一两个普通的大学生，制作了一个图片处理的小 App，通过周围的朋友在朋友圈分享扩散获得用户，他们使用的微信账号就是他们用自己本人身份证注册的企业开办的，该账号一旦被微信认定为诱导分享而被封号，他们重新获得壳企业再启动业务会非常麻烦。

无节制地纵容社交分享和社交增长黑客活动无疑会导致社交平台的用户体验度下降，这点无可厚非。但是作为一个网络公共空间，微信既然给自己投资或旗下的产品留足了社交分享和社交增长黑客活动的空间，就证明适度的分享对大众来说完全是可以接受的。对于这种适度范围内的分享，应该建立合理的公共政策，从而引导平台向所有企业平等地开放。出于防止社交增长黑客采用的流量获取模式破坏平台用户体验，可以控制社交增长黑客的分享频率，如每个账号一周一次甚至一月一次都行。有一个确定的标准，就可以激活所有中小个体大胆的尝试和创新，消除寒蝉效应。

三　中小企业的生存困境

巨头与巨头之间的流量封杀也对中小企业的生存环境有着重要影响。在全球范围内，搜索引擎和购物网站都形成了极为密切的合作关系。谷歌广告的最大买家常年都是电商霸主亚马逊。在中国，淘宝则封杀了百度的流量。

通常情况下，用户通过搜索引擎来进行购物决策，寻找卖家。淘宝对百度爬虫的屏蔽，导致百度无法对淘宝海量的商品信息进行抓取和索引，用户无法通过百度找到淘宝上的商品，淘宝卖家也无法通过百度获得廉价甚至免费的外部流量。

微信的流量垄断是因为当一个人的几乎所有朋友都使用微信时，由于他几乎无法同时改变大家的通信工具使用习惯，造成了他只能被裹胁着使用微信，这种网络效应是单边网络效应。不同于微信，淘宝是通过双边网络效应垄断了流量。当淘宝一边积累了80%以上的中国网络卖家，另一边又沉淀了中国80%以上的购物者时，两边的绝对优势都是互相加强的，任何一个买家和卖家在选择网络交易平台时，淘宝都成了最具优势的首选，并且很难改变。

封杀百度后，阿里巴巴成为淘宝平台唯一的流量卖家，需要流量的淘宝商户只能从阿里巴巴手里购买流量，这让阿里巴巴迅速成为仅次于谷歌和脸书的全球第三大广告平台。阿里巴巴在全球电商领域的市场份额低于亚马逊，但是广告流量的收入却远高于亚马逊，而凭借的就是垄断流量带来的红利。

这种流量的垄断在很长一段时间里直接导致了两个结果：第一，那些被封杀了流量的小企业难以生存。例如，阿里巴巴后来又封杀了购物分享网站美丽说和蘑菇街，二者作为阿里巴巴体系外的流量，吸引了部分淘宝卖家，对淘宝的流量定价权产生冲击。被淘宝封杀后，美丽说和蘑菇街被迫放弃导购模式，着手自建交易系统，邀请商家入驻，从一个轻量级的分享导购社区转型成一个五脏俱全的小"淘宝"，一个体量不大的企业要负担整个交易体系，便注定了其后来的衰落。第二，由于用户流量被阿里巴巴垄断，除了有足够规模能够平衡阿里巴巴高昂流量成本的大卖家外，

95%的中小淘宝卖家都处于亏损状态（根据电商企业有赞的调研统计结果）。

直到拥有另一个流量巨头腾讯支持的电商拼多多崛起后，很多在淘宝上已经生存不下去的中小电商，才再度找到了互联网生存平台。

结　论

流量是互联网世界的本币，是小企业、创新企业、社会大众接入互联网商业世界最核心的要素。通过网络效应掌控了互联网流量的平台，拥有决定接入互联网的各个主体处于何种"网络商业地段"的巨大控制力。因此，政府的公共政策应该引导互联网巨头对各类企业，尤其小企业、创新企业，保持流量的开放性和公平性，至少不能任由巨头随意地进行流量封杀，这样才能营造我国互联网生态健康发展的局面。

政府当下值得尝试的是，积极鼓励和引导互联网流量巨头先抽取一部分小企业开展测试，例如先对一些城市的餐饮业小企业开放类似每家店每个客户每月限分享一次折扣信息这样的权限；进而逐步探索在不对平台用户体验度造成恶性下滑的情况下，让所有小企业都获得一定合法使用社交增长黑客手段的空间。同时，对于巨头针对较大企业的流量封杀，在没有合理理由的情况下，政府应当立法禁止，保持互联网生态流量的充裕性。

欧美加大互联网领域反垄断力度
对中国反垄断的启示

郑永年　曾志敏　姬煜彤

互联网的普及发展在释放经济发展新动能、推动人类社会进入数字时代的同时，也使得互联网平台成为新的权力与利益集中点。长久以来为促进包容创新而秉持的"平台免责"的规制理念已经开始动摇，平台对数据的控制力、对用户的影响力和对科技创新的制约力，决定了它们不仅应该成为网络空间治理的责任主体，而且也应是受到规制的对象。这一转变近年来在欧美国家体现得尤为明显。当前，欧美国家正在针对谷歌、苹果、亚马逊和脸书等国际互联网巨头开展反垄断调查，体现出对互联网巨头垄断危害的清晰认知，以及推动科技创新与维持互联网全球技术和产业领先优势的强烈政策取向。与此同时，国内监管部门也顺应了这一时代变化趋势。2019 年 7 月 31 日，国家市场监管总局下发通知，自 8 月至 12 月在全国范围内开展重点领域反不正当竞争执法行动，其中一个重点方向就是规制互联网领域利用技术手段实施网络不正当竞争等行为。在当前中国经济迈向创新驱动高质量发展的关键转型期，中国需要进行互联网反垄断，这是维持创新经济体开放的必然要求。一旦垄断形成，经济体就变得封闭起来，互联网产业发展乃至更大范围的科技创新发展就会因为缺少竞争而失去进步的动力。客观地看，当前中国的互联网领域已经出现了这种趋势。政策部门不仅要高度重视反垄断，而且要加快采取有关政策行动。由此，总结分析欧美国家针对互联网平台的反垄断经验，对我国反垄断监管机构的制度建设、能力建设和执法行动无疑具有重要的参考价值和借鉴意义。

一 欧美国家互联网领域反垄断的特点和趋势

1. 互联网领域反垄断正成为欧美的共识

有关互联网领域的反垄断，欧美曾一度有着不同的态度，但目前都已逐渐达成共识。欧盟反垄断开始时间早、力度大、规制严格，且频频开出天价罚单。2018 年，欧盟对谷歌处以 43.4 亿欧元的罚款，是其历史上对单一企业开出的最大罚款。欧盟委员会指控谷歌滥用其在安卓智能手机操作系统中的主导地位，认为谷歌企业自 2011 年起强迫安卓设备制造商预装谷歌搜索、谷歌Chrome 浏览器及谷歌应用商店，这使得竞争对手的服务处于不利地位。而早在 2010 年，欧盟就开始调查谷歌是否利用其在网络搜索市场的主导地位打压对手，经过七年的调查，在 2017 年 6 月向谷歌开出了一张高达 24.2 亿欧元的罚单，原因是谷歌利用搜索领域的市场垄断地位推广自己的服务，打压与之竞争的产品。例如，谷歌利用其占据市场主导地位的搜索引擎给自己的产品进行"导流"，给予 Google Shopping 非法的支配地位。一是谷歌不顾其自身制定的搜索结果排列法则，将 Google Shopping 长期列为搜索结果的第一页甚至是第一条，吸引大量用户点击。据统计，排在搜索结果第一页的条目占据整体点击量的 95%，排在搜索结果第一条的则又占据着其中的 35%。二是将 Google Shopping 的主要竞争对手排列至搜索结果的第二页甚至更靠后，导致主要竞争对手的用户大量流失。

美国互联网领域的反垄断开始时间较晚，在 2019 年集中开启，处于刚刚起步的阶段，在反垄断规制上较为审慎，维持动态竞争以提高市场效率，促进互联网平台经济发展。尽管美国的科技巨头企业曾是美国的宠儿，但随着它们在经济和社会中展现的巨大影响力，一些消费者和两党议员对它们的态度已经发生了转变。两党议员都开始正视科技巨头的超然地位，民主党总统候选人伊丽莎白·沃伦（Elizabeth Warren）甚至呼吁拆分谷歌和脸书等企业。一些共和党人表示，他们担心科技企业不喜欢保守派的声音。特朗普也加大了对大型科技企业的批评，公开表示美国应该起诉谷歌和脸书。美国司法部长威廉·巴尔（William Barr）曾表示科技行业的反垄断问题很重要。2019 年 7 月，美国司法部开展了一项广泛的反垄断调查，以确定占主导地位的科技企业是否在非法扼杀竞争，这一行动旨在调查主导互联网搜索、社交媒体和零售服务的在线平台的行为。8 月，美国联邦贸易委员会对脸书展开反垄断调查，其中一项核心内容就是确定脸书的一些收购行为是否旨在收购潜在竞争对手以消除竞争威胁。2019 年以来，美国联邦贸易委员会一直在对科技企业是否通过系统性地收购初创企业来压制竞争展开调查，而这些初创企业若未被收购，有朝一日很有可能会对巨头们构成挑战。这些正在开展的针对巨头并购的反垄断调查也具有深厚的民意基础，据新媒体集团 Vox Media 报道，2/3 的美国人支持通过撤销企业合并的方式来拆分大科技企业，比如撤销脸书对 Instagram 的收购，希望借此来确保未来能够有更充分的竞争。

2. 滥用市场支配地位成为欧美反垄断的焦点

据 eMarketer 的数据，谷歌在全世界电子广告市场上拥有 31% 的市场份额，在网络搜索市场上拥有很大的市场份额。亚马逊控制了 75% 的网络实体书销售、65% 的电子书销售和超过 40% 的新书销售。根据 IDC 的数据，苹果虽然在智能手机行业只占据了 11.7% 的市场份额，但是它获得了整个行业 73% 的总利润。脸书有 99% 的利润来自电子广告，凭借其拥有的 24 亿海量用户和沉淀的巨量隐私数据，脸书正在享有"赢者通吃"的优势地位，让其他竞争者难以望其项背。此外，互联网垄断巨头们依托自身资本优势进行产品的免费推广，依托用户规模进行快速扩张，不断挤占市场，把后发企业推向绝境。

2018 年 11 月 29 日，德国反垄断机构联邦卡特尔局在一份新闻稿中表示，该局已就亚马逊德国站对第三方卖家的行为"启动了关于滥用权力的调查程序"，表示其"将调查亚马逊是否滥用其市场地位，打压活跃在其平台上的卖家"。此外，该局还将密切关注亚马逊的主导地位是否妨碍了其他在线零售商的销售，以及卖家对亚马逊的依赖程度。亚马逊被指利用自己的平台地位打压第三方商家，具体包括在搜索结果中将自营商品排在前列、在商家不买平台广告的时候优先推荐竞争对手商品等。最新披露的消息显示，亚马逊以提供更多的商品曝光为交换条件，要求第三方商家签署低价转让自己品牌给亚马逊的协议。欧盟委员会认为亚马逊"既充当集市又扮演零售商"，正如欧盟竞争事务专员玛格丽特·维斯塔格（Margrethe Vestager）的质问："有些平台，他们既是球员又是裁判，这怎么可能公平呢？你永远不会接受一支球队同时担任裁判的足球比赛。"

2019 年 11 月，美国 48 个州和 2 个地区的检察部门对谷歌开展反垄断调查，主要针对谷歌在广告市场和消费者数据使用上存在滥用主导地位的问题，同时还将这一调查延伸至该企业的网络广告业务领域。当前，在移动端，谷歌处理了全球超过 80% 的移动搜索，在全球搜索领域占据了几乎牢不可破的市场支配地位。谷歌利用搜索功能来打压其竞争对手，被欧美监管部门认为是滥用搜索和广告市场支配地位的体现。为此，法国竞争事务监察总署于 2019 年 12 月 20 日发布公告，决定对谷歌"滥用在互联网广告市场的主导地位"这一行为罚款 1.5 亿欧元并要求谷歌整改。这是法国继 2019 年 1 月因谷歌"违反数据隐私保护相关规定"对其处以 5000 万欧元罚款之后开出的第二张罚单。

3. 数据垄断和流量垄断正成为欧美反垄断的新方向

随着数据量的增长与数据价值的不断攀升，数据反垄断成为焦点。一方面，欧美监管部门非常关注大企业并购带来的数据垄断问题。例如，欧盟高度关注数据驱动型并购、数据收集和处理行为对竞争产生的影响。英国一个权威反垄断委员会于 2019 年 3 月表示，过去 10 年，五大科技企业进行了 400 多宗收购。在微软收购雅虎、谷歌收购 Doubleclic、脸书收购 WhatsApp、微软收购领英等案件中，反垄断机构都表达了对数据集中竞争的关切。未来，与数据相关的竞争问题仍将成为欧盟反垄断关注的重点。2019 年 3 月，美国民主党众议员大卫·西西林（David Cicilline）在致美国联邦贸易委员会（FTC）的一封信中说，脸书收购 Instagram 和 WhatsApp 的行为值得进行特别的审查。根据标普全球在 2019 年编制的数据报告，脸书在过去的十多年里收购了约 90 家企业，特别是对分享应用 Instagram 和即时通信服务 WhatsApp 的收购，使得脸书成为社交媒体和即时通信领域的主导力量。目前，全球社交网络排名前五名中的四个（即脸书、Instagram、WhatsApp 和 Messenger）都是脸书旗下的产品，并且它们实际上已经结成联盟。此外，扎克伯格正想方设法让其多次收购失败、排在第五名的 Snapchat 失去生存空间。Snapchat 法律团队的一份档案记录着脸书试图挫败 Snapchat 的竞争方式，包括劝阻热门账户持有者或网红在其 Instagram 账户中提及 Snapchat，Snapchat 的高管们还怀疑 Instagram 阻止其应用程序上的内容成为流行趋势。2017 年 5 月，欧盟委员会向脸书开出 1.1 亿欧元的罚单，因其收购 WhatsApp 时向欧盟提供了误导性的信息。原本脸书表明，不会将两家的用户账号自动匹配，但在 2016 年调整隐私政策之后，允许 WhatsApp 用户与脸书用户共享部分用户的手机号码。脸书的即时通信服务数据垄断问题目前已经受到美国联邦贸易委员会的反垄断调查。

另一方面，欧美监管部门非常关注大企业依靠垄断的数据获取算法优势，进而垄断市场的现象。例如，谷歌可以对用户信息进行数据挖掘，预测市场行为，从而压倒其他竞争对手；亚马逊也可以凭借交易数据研判用户使用偏好从而进行精准推送。其主要的模式有两种：第一，利用大数据达成垄断协议。同一类别的互联网平台可以通过技术黑箱实现算法共谋。算法共谋形成默示的价格垄断协议，侵害消费者利益，损害了互联网市场公平自由的竞争秩序。例如，美国司法部于 2015 年指控亚马逊利用特定的算法控制招贴画销售价格变动，实施价格垄断协议。第二，利用大数据滥用市场支配地位。一些大型的互联网平台掌握海量的数据，而这些数据对其横向或纵向竞争者都很重要，从而具有引发滥用数据优势的可能，如拒绝交易、定价歧视、排挤竞争、捆绑销售等。这些为追求垄断利益而实施的排除、限制竞争行为已经对市场竞争秩序造成了不良影响。例如，定价算法能够基于消费者的地理位置信息、历史浏览记录、消费支付能力、浏览终端类别，甚至是性别年龄、所属行业等进行多维度的综合判断，其后可能会针对相同的商品或者服务，向不同的消费者提供不同的价格，有可能形成定价歧视（Price Discrimination），即通俗意义上的"杀熟"。由于定价歧视并不直接涉及竞争对手，仅是依据消费者个人的具体情况确定的"千人千面千价格"，所以并不会遭到竞争对手的监控举报，而消费者也难以轻易直观地发现，必须通过不

同情形下的细致比较才会有所怀疑，这更增加了平台垄断行为的
隐蔽性。

二　欧美国家互联网领域反垄断对中国的启示

1. 构筑体系完备的反垄断法律体系，为反垄断执法奠定法治
基础

欧美国家均为成熟的市场经济体，其在上百年的市场经济发
展实践中，不断出台与经济发展相适应的反垄断法体系，构筑了
体系完备、覆盖面广的反垄断法律法规，为行政当局的反垄断执
法提供了必要的前提和基础。美国联邦层面的反垄断成文法主要
包括《谢尔曼法》、《克莱顿法》和《联邦贸易委员会法》及相应
修正案。其中，《谢尔曼法》是美国第一部反垄断法，也是此后美
国通过的一系列反垄断法律的基础。《克莱顿法》是对《谢尔曼
法》的补充，主要起预防垄断的作用。为了对《克莱顿法》覆盖
不到的领域进行补充和完善，美国国会又通过了一系列的修正案，
包括 1950 年的《塞勒—凯弗维尔反兼并法》、1976 年的《哈特—
斯科特—罗迪诺反托拉斯改进法》和 1980 年的《反托拉斯程序修
订法》，其中《哈特—斯科特—罗迪诺反托拉斯改进法》是对大型
企业进行合并审查和反垄断调查的法律依据。这些法律和修正案
均由美国国会正式通过，在反垄断领域具有最高的法律效力。

欧盟有关反垄断和竞争政策的法律法规体系更为庞大。位于
最上层的是《马斯特里赫特条约》（即《欧洲联盟条约》）的第 81
条和第 82 条，这是欧盟反垄断和竞争政策的核心条款。第二层是
由欧盟理事会制定的规则，主要是根据《马斯特里赫特条约》的
第 81 和第 82 条制定的实施细则，包括了适用于欧盟所有行业的一
般性规则和适用于特定行业或行为的规则。第三层是欧盟理事会

制定的竞争规则、制度和决定等，根据前两个层级的法律法规制定的针对各个行业的可操作性的规定，以及对企业和公民的行为进行直接执法而作出的有关决定和命令，其中涉及竞争规则的规定数量占比最高。在完备的法律基础上，欧盟还配套了反垄断法律法规的执行制度，逐步确立了横向协议适用本身违法原则制度、市场支配地位的推定制度、经营者集中的申报和审查制度、基础设施原则、承诺和宽恕制度、事前咨询制度等，这些都使得欧盟反垄断执法有完善的法律体系作为依据。

中国在互联网反垄断领域的法律制度建设落后于欧美。当前，中国在反垄断领域的相关法律法规主要有 1993 年开始实施，并于 2017 年和 2019 年两次修订的《反不正当竞争法》以及 1998 年开始实施的《反垄断法》。此外，2019 年 8 月 8 日，国务院办公厅发布《关于促进平台经济规范健康发展的指导意见》，提出"依法查处互联网领域滥用市场支配地位限制交易、不正当竞争等违法行为，严禁平台单边签订排他性服务提供合同，保障平台经济相关市场主体公平参与市场竞争"。但是除此之外，基本都是一些部门法规，少有像欧美国家那样完备的反垄断法律法规体系，也缺乏欧美国家与法律配套的反垄断执行制度，现有法律法规不能满足我国日益增长的反垄断的需要。

《反垄断法》颁布实施 20 多年来，中国互联网行业的格局和业态发生了深刻而系统的变化，《反垄断法》中原有的一些规定，如各种垄断行为的认定、相关市场的界定、市场支配地位的认定等，都难以适应互联网与数字经济的发展趋势。互联网平台大量涌现的各种产品和业态、不断创新的商业模式、竞争中产生的垄断行为等，也都急需通过修订《反垄断法》加以规制。

按照全国人大常委会的立法规划，《反垄断法》的修订已被提上议事日程。我国现行《反垄断法》第十七条并不能完全包括互联网平台滥用市场支配地位的行为，急需进行修订完善，使之适应互联网竞争的特殊要求。应将数量限制、流量劫持、差别待遇、平台"二选一"等行为纳入我国《反垄断法》第十七条中。另外，随着数字经济的不断发展，互联网平台垄断的形式还会不断变化，这些行为也无法完全被列举穷尽，可在其中加上一个概括性条款，如：其他依照本法被认定为危害竞争的互联网平台垄断行为也应受到相应的规制与制裁。

2. 提升反垄断机构的权威，加强反垄断执法能力和强化执法监督

目前，美国对于谷歌、苹果、亚马逊和脸书四大科技企业的反垄断调查上升到了国家的最高层级，并从三个层面展开。第一个层面是美国国会，主要代表是众议院司法委员会（House Judiciary Committee）及其反垄断小组委员会。2019 年 9 月，众议院司法委员会主席杰罗德·纳德勒（Jerrold Nadler）等人联名向亚马逊、苹果、脸书和谷歌母公司 Alphabet 发出索取函，要求它们提供一些电子邮件、财务报表等文件，以及有关竞争者、市场占有率、并购等方面的内部信息，此外还包括过去 10 年这些企业向美国和国际监管机构提供的与《克莱顿法》有关的文件，从而拉开了对四大科技巨头反垄断调查的序幕。该调查将集中在三个方面：首先是"数字市场的竞争问题"，其次是"占据主导地位的企业是否在网上从事反竞争行为"，最后是"当前法律和执法能否有效地处理这些问题"。第二个层面是美国的联邦政府，包括司法部反垄断局（DOJ）和联邦贸易委员会（FTC）。司法部反垄断局主要负责执行《谢尔曼法》和《克莱顿法》，是典型的行政机构，负责调查谷歌和苹果；联邦贸易委员会主要负责执行《联邦贸易委员会法》和《克莱顿法》，其下设的竞争局与经济局等部门可对相关涉嫌违法行为展开调查，属相对独立的联邦执法机构，且具有一定的准司

法权，有权在执法过程中做出行政裁决，负责调查脸书和亚马逊。第三个层面是美国各州的司法部门。第二、三层面是美国反垄断法的执行部门，采用的是司法模式，其中，第二层面属于联邦政府执行，第三层面属于个人执行，即州检察长及案件直接或间接方向法院提起民事诉讼，要求赔偿。

与美国的司法模式不同，欧盟采取的是行政执法模式，欧盟委员会的反垄断法有专门的执行机构，欧盟委员会内设欧盟竞争总司、欧盟竞争事务专员等。竞争总司下设十个司，包括服务业司、卡特尔司、国家补贴司等，各成员国内设置反不正当竞争机构。竞争事务专员的层级也非常高，连任欧盟竞争事务专员的玛格丽特·维斯塔格（Margrethe Vestager）是新任欧盟委员会27个委员中的一员，同时她还担任欧盟委员会的执行副主席，负责人工智能、大数据、欧洲内部市场数字化、网络安全、技术主权等事务。她甚至一度是欧盟委员会主席的热门人选。

可以看出，欧美国家的反垄断层级很高，基本是在联邦政府层面和欧盟层面建立了相应的反垄断机构或机制，且在反垄断调查和执法中分工明确，但又相互协同和配合，形成了强有力的反垄断调查力度。同样，中国采取的也是行政执法模式。根据十三届全国人大一次会议审议通过的国务院机构改革方案，国家发展和改革委员会、国家工商行政管理总局和商务部三部委下属的反垄断执法机构统一并入了以国家工商行政管理总局为基础新组建的国家市场监督管理总局。整合后的新反垄断执法机构隶属于国家市场监督管理总局，与后者的其他司局合署办公，改变了我国反垄断执法存在多年的"三龙治水"局面。但是，中国的反垄断主要依靠一个部级单位的局级单位执行，虽然在国家层面上设有国务院反垄断委员会，但该委员会实为跨部门的协调机构，执法的力度依然不够强有力。因此，可以借鉴欧美的相关经验，同时结合中国反垄断的具体实际，加强中国反垄断的能力建设。一是强化国务院反垄断委员会的组织、协调、指导反垄断工作力度，将《反垄断法》规定的职责进一步细化和实化，并强化设在国家市场监督管理总局的国务院反垄断委员会办公室的职能和作用；二是增强国家市场监督管理总局反垄断局对反垄断的调查、处置的执法能力和执法力量；三是加强全国人大宪法和法律委员会、财政经济委员会对《反垄断法》和《反不正当竞争法》实施的监督，开展专项执法检查，并对重大的反垄断个案调查进行监督，及时总结经验，完善和修订法律。

3. 增强遭受垄断危害的创新型企业在反垄断调查中的话语权

欧盟反垄断法的执行重点在于保护中小创新型企业的利益。欧盟认为中小创新型企业在市场经济的建设中发挥着不可忽视的作用，其发展有利于市场的多元化和良性发展。即使大型互联网科技企业可能会带来经济的快速发展、科技水平的提高等，但欧盟仍然坚持保证市场的均衡发展。为此，欧盟非常严肃地对待每一起由中小创新型企业对互联网巨头发起的反垄断诉讼。2019 年 3 月，全球最大的在线音乐服务企业 Spotify 向欧盟提交了一项针对苹果的反垄断诉讼，诉讼称苹果通过 App Store 在音乐服务上进行不正当竞争，苹果企业征收的"苹果税"正在扼杀创新。Spotify还称，苹果的语音识别系统 Siri 不会将 iPhone 用户与 Spotify 联系在一起，也拒绝让 Spotify 在其 Apple Watch 上推出应用。欧盟反垄断监管机构在考虑了 Spotify 投诉，并对市场中顾客、对手以及其他人进行调查后，已决定对苹果的行为展开正式反垄断调查。

同样，美国反垄断机构在调查互联网巨头的市场垄断行为时，也非常注重听取遭受垄断危害的企业的意见。在美国加大反垄断力度的过程中，众议院司法委员会已向数十家可能受到科技巨头损害的企业发出提供信息的请求，委员会将根据有多少企业自愿回应请求，来决定是否要发出传票。因为甲骨文企业曾与谷歌在业务上发生冲突，2019 年 9 月 25 日，甲骨文企业政府事务高级副总裁肯·格鲁克（Ken Glueck）表示，甲骨文已收到来自美国得克萨斯州总检察长办公室和国会众议院司法委员会的信息请求，事关调查谷歌企业违反反垄断法的行为，甲骨文企业还就谷歌的反垄断调查问题和美国司法部进行了会晤。

相比之下，中国对于互联网领域发生的垄断行为，更多是从法理的角度先行论证，对于遭受垄断危害的中小型企业的意见听取得不够充分，这些受到垄断侵害的企业往往在反垄断调查中也没有足够的发言权和话语权。相反，占据垄断地位的互联网巨头如阿里巴巴、腾讯和百度，往往会利用自身构建的传媒优势和通过对立法、执法、司法机关的不当影响，不断在公共舆论场以及专家研讨会上发出有利于自身垄断地位的言论，左右甚至干涉相关反垄断和反不正当竞争调查。因此，应当增强受到垄断危害的创新型企业在反垄断和反不正当竞争调查中的发言权和话语权，充分听取创新型企业对所遭受的垄断和不正当竞争的汇报，以更好地计量互联网巨头市场垄断的危害程度。

4. 加强对新型垄断行为研究，强化技术手段界定和治理垄断行为

在反垄断调查过程中，欧盟和美国都特别重视以经济分析的方式量化互联网巨头垄断带来的实际经济影响。相比之下，中国对于反垄断的界定还更多停留在法理层面的讨论和定性的分析，较少使用科学的测量方法，因而对垄断的定性和实际造成的损害始终没有一个固定的标准。在这方面，可以借鉴欧美对互联网企业的反垄断措施和经验。例如，在针对互联网企业是否滥用市场地位的界定问题上，欧盟委员会将互联网行业分为三个基本市场：互联网接入服务市场、付费内容服务市场和广告市场，并根据不同的收入模式对这三个基本市场进行进一步细分。此外，欧盟的

反垄断聚焦平台生态传导和数据集中效应，注重保护消费者福利和中小企业竞争力。具体而言主要是：第一，明确企业行为的合理性定义。只有当其他所有受影响的企业的利益全部有所增加时，才能认为该企业行为具有合理性。同时，还要关注中小企业利益和消费者利益，保护消费者的权益。第二，重新定义市场支配地位的划分标准，使用利润来源的方法测算市场份额。比如，对互联网企业单位时间在线用户数量在整个市场上的占比进行测算，能够直接反映出企业的市场支配能力。第三，在市场进入方面，要注重技术标准、转移成本、知识产权等非结构性壁垒对互联网新型企业进入互联网行业的难易程度的影响，并注重双边市场中免费产品的隐形价格问题。第四，对代表性滥用行为的构成要素进行细化。美国在规制互联网超大型平台时主要采取"合理原则"，即认定反竞争行为需综合评估经营者主观垄断意图和损害竞争后果，经济学分析方法在明确竞争评估分析思路、界定相关市场、确定竞争损害、明确平台支配力的传导效应、确定附加条件有效性等诸多环节有重要的支持作用。

2019年11月5日，国家市场监管总局已经明确界定网络经营活动中的"二选一""独家交易"行为违反《反垄断法》《反不正当竞争法》等法律法规规定，并将对各方反映强烈的"二选一"行为依法开展反垄断调查。但是，在数据垄断、流量垄断等互联网平台出现的新型垄断行为上，监管部门对其性质还缺乏明确的界定，甚至缺少深入的研究。通过数据垄断和流量垄断而建立起来的互联网领域新型垄断行为，确实正在严重危害行业健康发展，侵蚀互联网开放分享的价值观，对国家安全、经济安全造成潜在威胁。因为数据具有容量大、增速快、种类多、价值高的特征和描述、规定、预测的功能，一旦平台所掌握的数据量过于庞大，其他竞争平台就会因为技术、法规等限制而导致同等能力的缺失，进而难以参与市场竞争。然而，对这些问题目前还缺乏行之有效的测量和定性手段。

中国可以借鉴欧美的相关举措，增强应用技术手段界定和垄断治理能力。例如，欧盟在反垄断执法做出重要处罚决定之前，会与"限制行为和优势地位咨询委员会"协商；2004年之后，在复杂案件中又引入了独立的首席经济师及其团队。这些制度的建立首先是听取相关产业专家的意见，以保障欧盟反垄断执法的公正性；同时也是运用专家的专业知识更好地审查相应企业的垄断行为。欧盟在反垄断执法中的专家咨询制度，是借助经济学专家的"外脑"，以专业的经济技术手段对垄断行为进行测定，以达到精准界定反垄断的效果。中国也建立了国务院反垄断委员会专家咨询组，对反垄断的立法、执法提供专业意见，但这些专家大多是法律专家，只有3位经济学专家，比重明显偏小；此外，咨询工作也仅仅是制度之外的咨询，并未在成文的规定中明确。因此，在反垄断执法过程中，应当建立专业咨询制度，增加经济学家的比例，引入计量经济学、数据测量技术手段等，测度和界定反垄断个案的"相关市场"范围和不正当竞争行为的性质，以确定其是否构成滥用市场支配地位、实施垄断的危害后果。

5. 从保护科技创新出发加大反垄断力度，维护国家的技术自主权和主导权

反垄断在推动美国互联网领域的创新发展上具有重要的作用，它往往会促进新一轮的技术爆发和新一批的创新型企业的发展，这也是为什么美国将针对四大巨头的反垄断作为推动美国创新发展的重要手段。例如，美国此前对IBM的反垄断调查促成了微软的崛起，而对微软的反垄断调查又让谷歌、苹果、亚马逊先后受益。美国监管部门加大互联网领域的反垄断举措，其目的也是为美国互联网领域未来的创新发展消除障碍。为了在5G时代继续维

持美国在互联网高科技领域的主导地位，美国一方面对中兴、华为、科大讯飞、字节跳动等中国高科技企业以危害国家安全等名义进行打压，另一方面以深度的反垄断调查破除互联网巨头对美国国内科技创新的阻碍，为中小创新型企业的发展营造公平、公正的市场竞争环境。美国监管部门的反垄断调查正向全世界发出一个信号，美国依然是互联网高科技创新的制度性标杆。只要美国能够持续不断地维持科技创新的地位，就能够将国家的技术优势牢牢控制在自己手上。

在当前世界上最大的十家科技企业中，一家欧洲企业都没有，西方世界94%的数据都存储在美国。欧盟竞争委员会对大型科技企业展开的调查，其重要目的之一就是希望借助打击这些美国的互联网巨头，来为欧洲创新型企业的成长营造公平的发展环境。正如惠誉解决方案企业（Fitch Solutions）高级分析师提利恩（Dexter Trillen）接受CNBC采访时所说："欧洲不能简单地成为监管者，也需要有与之匹配的科技企业。"2019年，德国宣布了一项名为Gaia-X的计划，旨在为欧洲建立一个"有竞争力、安全和可信赖的"数据基础设施，它是未来欧洲云供应商的雏形。

在保护技术创新和市场创新，进而维护技术优势问题上，中国也应当借鉴欧美反垄断的经验。从借鉴美国经验的角度看，如果中国的互联网巨头垄断的格局不改变，将导致国内互联网走向封闭，行业创新受到极大抑制，中国当前在互联网行业发展所获得的优势很难持续下去，进而严重阻碍我国互联网高科技企业与国际互联网巨头的竞争，失去全球互联网创新发展的道义旗帜，进而在互联网技术创新领域失去规则的制定权，导致中国在互联网新技术发展领域的自主权丧失，严重影响中国建设网络强国目标的实现。从借鉴欧洲经验的角度来看，欧盟担忧的是其技术主权落入互联网巨头企业的手中，不管这些巨头是否来自国外。欧盟相关智库的研究人员认为，欧洲应进一步加强监管和投资，以尽量减少对非欧洲技术的依赖，而不是寻求建立新的大型科技企业。这些情形在中国也正在显现，中国的互联网垄断巨头坐拥巨量用户数据，表现出与政府所代表的公权力争夺网络空间公共产品供给的倾向，并挟市场自重，反抗政府合理治理，影响反垄断的效能。因此，无论是从与他国争夺互联网科技发展的自主权，还是从与国内互联网巨头争夺网络治理的主导权，以确保政府对新技术发展保持自主性和独立性来看，美国和欧洲的反垄断经验都值得借鉴。

图书在版编目（CIP）数据

中国产业政策：趋势与变革/谭锐主编. -- 北京：
社会科学文献出版社，2023.6
（IPP十周年丛书）
ISBN 978 - 7 - 5228 - 0728 - 7

Ⅰ.①中… Ⅱ.①谭… Ⅲ.①产业政策 - 中国 - 文集
Ⅳ.①F121 - 53

中国版本图书馆 CIP 数据核字（2022）第 171704 号

IPP 十周年丛书
中国产业政策：趋势与变革

主　　编 / 谭　锐

出 版 人 / 王利民
责任编辑 / 范　迎
责任印制 / 王京美

出　　版 / 社会科学文献出版社
　　　　　　地址：北京市北三环中路甲 29 号院华龙大厦　邮编：100029
　　　　　　网址：www. ssap. com. cn
发　　行 / 社会科学文献出版社（010）59367028
印　　装 / 三河市尚艺印装有限公司

规　　格 / 开　本：787mm × 1092mm　1/16
　　　　　　印　张：13.5　字　数：166 千字
版　　次 / 2023 年 6 月第 1 版　2023 年 6 月第 1 次印刷
书　　号 / ISBN 978 - 7 - 5228 - 0728 - 7
定　　价 / 138.00 元

读者服务电话：4008918866